ubu

BIG TECH

A ASCENSÃO DOS DADOS E A MORTE DA POLÍTICA

EVGENY MOROZOV

tradução
CLAUDIO MARCONDES

7   *Prefácio a esta edição*

13   Introdução: capitalismo tecnológico e cidadania
27   Por que estamos autorizados a odiar o Vale do Silício
43   Solucionismo, um conto de fadas
81   A ascensão dos dados e a morte da política
102   Como cobaias desavisadas
117   Catástrofe informacional: o custo da hipocrisia
138   Efeitos colaterais dos algoritmos para a cultura democrática
144   Big Tech: pós-capitalismo
163   A mediação digital de tudo: na interseção
     da política, da tecnologia e das finanças
182   Quem está por trás das *fake news*?

188   *Fontes dos textos*
189   *Sobre o autor*

PREFÁCIO
A ESTA
EDIÇÃO

Após duas décadas de utopismo digital, marcadas pela adoção incondicional das últimas vogas de Palo Alto e de Shenzhen, o mundo enfim entrou numa era de sobriedade digital. As plataformas tecnológicas globais deixaram de ser vistas como companheiras inofensivas e invisíveis, empenhadas em amenizar, ou mesmo eliminar, as arestas da existência cotidiana – sempre em nome de um compartilhamento descomplicado e de uma transparência universal. Agora, tais plataformas são cada vez mais percebidas como um bloco poderoso, com interesses mercantis ocultos, lobistas e projetos de dominação do mundo.

A tecnologia digital da atualidade, ficou evidente, não é apenas ciência aplicada, como ainda sustentam as filosofias mais vulgares da tecnologia. Ela é, na verdade, um emaranhado confuso de geopolítica, finança global, consumismo desenfreado e acelerada apropriação corporativa dos nossos relacionamentos mais íntimos. Ao insistir nas queixas contra as práticas desprezíveis da Uber ou do Airbnb, ou contra as tendências monopolistas da Amazon ou da Alibaba, alguns críticos da tecnologia – há ocupação mais absurda do que essa? – adotam uma visão geral invertida: nossa sociedade digital, quaisquer que sejam suas falhas, não é a causa do mundo em que vivemos, e sim consequência dele.

Não existiria o Uber sem as décadas de afrouxamento das legislações trabalhistas ao redor do mundo (a tal ponto que uma das *startups* mais valiosas do mundo é representada por um algoritmo que concilia oferta e demanda, com vínculos empregatícios escassos, e ainda menos ativos em seu nome). Do mesmo modo, não haveria Airbnb sem décadas de política econômica incentivando os cidadãos a considerar seus imóveis residenciais como ativos – como investimentos lucrativos que um dia poderiam compensar a eventual insuficiência de instituições anteriores, como o Estado do bem-estar social. O Airbnb não é apenas a extensão dessa lógica, mas aquilo que permite a rentabilização desse ativo imobiliário dia após dia, turista após turista.

Atacar essas duas empresas como se fossem a raiz do problema é dar crédito demais a seus fundadores e, ao mesmo tempo, ignorar o contexto histórico social e econômico mais amplo das últimas décadas – desde o final da Guerra Fria até o desenrolar da crise financeira de 2008. Esse contexto moldou não só nossas políticas, como também, em aspectos ainda invisíveis para a maioria, nossas tecnologias.

Já é quase um clichê afirmar que "dados são o petróleo do século XXI". Há muito a criticar nessa definição. Para começar, a forma como produzimos dados é muito diferente daquela como a natureza produz seus recursos. Mas esse chavão, por mais desgastado que esteja, acerta em um ponto, ao levar em conta a escala da transformação digital que se encontra à nossa frente.

Não surpreende o surgimento de um nicho de consultorias digitais e de gurus tecnológicos, os quais insistem na ideia de que uma sociedade detentora de tantos dados vai acabar solucionando todas as contradições que o sistema capitalista global não consegue resolver por conta própria: ao nos proporcionar trabalhos flexíveis e bem remunerados; ao punir os participantes deletérios do mercado por meio de mecanismos de autocorreção instantâneos; ao introduzir eficiência e sustentabilidade onde antes não havia – e tudo isso graças a aparatos inteligentes.

Todas essas previsões podem ter seu fundo de verdade, mas certamente essa não é a única lição a extrair da comparação entre dados e petróleo. Cabe lembrar que a história do petróleo no século XX também se caracteriza pela violência, por pressões corporativas, guerras incessantes e desnecessárias, derrubada de regimes democráticos na expectativa de assegurar o controle de recursos estratégicos, aumento da poluição e alterações climáticas. Se os dados são o petróleo do século XXI, quem vai ser o Saddam Hussein deste século?

Considerar essa questão nos dias de hoje pode parecer não só excessivamente sarcástico, como também ridículo. Mas não precisaria ser assim: deveria ser óbvio que o fato de que os dados – e os serviços de inteligência artificial que eles ajudam a estabelecer – vão se constituir em um dos terrenos cruciais dos embates geopolíticos deste século. Até agora, os principais competidores são bem conhecidos – os Estados Unidos e a China, os dois países com setores tecnológicos mais avançados –, mas é bem provável que outros, como a Rússia e a Índia, vão buscar um lugar no pelotão de frente, no mínimo movidos pelo temor de uma dependência excessiva de serviços digitais estrangeiros.

E onde fica o Brasil? De um lado, o país foi um dos primeiros no mundo a reconhecer a importância de recuperar a soberania tecnológica. Infelizmente, as iniciativas e as promessas aventadas após as revelações de Edward Snowden mostraram-se insuficientes e quase caíram no esquecimento, em meio às turbulências que afetaram a política brasileira nos anos seguintes. De outro lado, o Brasil também foi um dos primeiros países do mundo a insistir num enquadramento robusto dos direitos digitais – o chamado Marco Civil.

Neste caso, os resultados foram um pouco melhores. A iniciativa do Marco Civil, ainda que inconclusa, é uma manobra importante, sobretudo agora que, cada vez mais, as plataformas digitais buscam nos atrair para seus impérios digitais acenando com serviços gratuitos e convenientes – um paradigma quase antitético ao dos direitos digitais. Independentemente de estarem sediadas em Seattle ou em Pequim, as plataformas digitais ganham dinheiro com a promessa de converter os direitos públicos duramente conquistados – o direito à liberdade de expressão, à segurança, ao transporte – em serviços eficientes, proporcionados pelo setor privado, mas desprovidos de garantias. Qualquer esforço, como o Marco Civil, que vise reverter esse processo é um passo na direção certa.

O consenso atual é de que o único baluarte contra o avanço das empresas globais de tecnologia é a Europa, com uma burocracia atuante, uma legislação antitruste consolidada e o respeito universal que nutre pela privacidade. Depois de observar o continente por muitos anos, arrisco-me a discordar dessa visão: estou convencido de que não se pode enfrentar com êxito o desafio imposto pelas grandes empresas tecnológicas apenas com intervenções jurídicas, por mais bem concebidas que sejam.

O que se requer, por outro lado, é um poderoso *ethos* de dinamismo empresarial, associado ao firme compromisso de repensar radicalmente o funcionamento da nossa sociedade – e o papel que a tecnologia desempenha nela. Os progressistas radicais – entre os quais felizmente me incluo – não podem se dar ao luxo de serem tecnofóbicos. Rejeitar a inteligência artificial e outras soluções que fazem uso intensivo de dados somente porque a Amazon e a Alibaba recorrem a elas para fins execráveis é atarmos nossas mãos num momento absolutamente crucial.

A Europa, infelizmente, está muito velha e agonizante – e dilacerada demais por seus infortúnios históricos – para embarcar nesse ambicioso projeto intelectual e político. Já o Brasil tem todos os requisitos para fazê-lo. É uma sociedade jovem, com muito mais abertura para a inovação, mesmo a de cunho mais radical. Ainda que tenha perdido alguns anos com disputas internas, não há motivo para que abandone a batalha.

É bem provável que a luta global pelos dados e pela supremacia da inteligência artificial, mais uma vez, ajude a cristalizar a verdade que muitos teóricos da dependência – entre os quais vários brasileiros – entenderam há muito: quem domina a tecnologia mais avançada também domina o mundo. A tarefa futura da política progressista, no Brasil e em outras partes, deve ser a de desenvolver uma estratégia para assegurar esse controle – evidentemente, por meios democráticos.

De outro modo, não vai demorar muito para que empresas como o Facebook e a Alphabet recorram a um estratagema final e coloquem em risco a própria ideia de uma política democrática: vendendo-nos a ideia de liberdade como o serviço digital supremo – que elas nos proporcionariam de bom grado, por uma pequena taxa, é claro.

As eleições brasileiras de 2018 mostraram o alto custo a ser cobrado de sociedades que, dependentes de plataformas digitais e pouco cientes do poder que elas exercem, relutam em pensar as redes como agentes políticos. O modelo de negócios da Big Tech funciona de tal maneira que deixa de ser relevante se as mensagens disseminadas são verdadeiras ou falsas. Tudo o que importa é se elas viralizam (ou seja, se geram números recorde de cliques e curtidas), uma vez que é pela análise de nossos cliques e curtidas, depurados em retratos sintéticos de nossa personalidade, que essas empresas produzem seus enormes lucros. Verdade é o que gera mais visualizações. Sob a ótica das plataformas digitais, as *fake news* são apenas as notícias mais lucrativas.

Como qualquer eleição recente pode evidenciar, a infraestrutura da comunicação política mudou dramaticamente. Esforços feitos no passado para controlar seu uso – como leis de financiamento de campanha política e restrições do tempo de TV de cada candidato – não são mais adequados em um mundo onde grande parte da comunicação se dá em plataformas digitais. Caso não encontremos formas de controlar essa infraestrutura, as democracias se afogarão em um *tsunami* de demagogia digital; esta, a fonte mais provável de conteúdos virais: o ódio, infelizmente, vende bem mais que a solidariedade.

É difícil, portanto, que exista uma tarefa mais urgente do que a de imaginar um mundo altamente tecnológico, mas, ao mesmo tempo, livre da influência perniciosa da Big Tech. Uma tarefa intimidadora, que, se deixada de lado, ainda causará muitos danos à cultura democrática.

E.M., 9 de novembro de 2018

INTRODUÇÃO: CAPITALISMO TECNOLÓGICO E CIDADANIA

No final da década de 1960, o mundo viu surgir um movimento cuja retórica se repetiria, quase literalmente, décadas mais tarde. Um grupo de videoativistas, equipados com câmeras portáteis e entusiasmados com o potencial da TV a cabo, se propôs documentar as injustiças e contestar os poderes constituídos. Chegara finalmente aquele momento revolucionário, no qual os cidadãos comuns podiam usar a tecnologia para produzir e transmitir os próprios programas.

Quem lê os artigos daquela época – nos Estados Unidos, muitos deles eram publicados numa revista de contracultura, a *Radical Software* – fica assombrado com a ingenuidade absoluta da crença então demonstrada na força política dessas tecnologias. Inspirados nas obras de Marshall McLuhan e Buckminster Fuller, esses ávidos intelectuais do vídeo imaginavam que a aldeia global pós-política e pós-capitalista estava prestes a ser alcançada.

Ao pesquisar esse período, deparei com *My Life in Video* [Minha vida em vídeo], um ensaio inédito de 1973, escrito por Barry Schwartz, um personagem relativamente secundário daquele movimento. A crítica do utopismo daquele grupo feita por Schwartz era colérica e incisiva. "Se permitirmos que a TV a cabo e o vídeo continuem como atividades *laissez-faire*, movidas pela busca de lucro, ou como pesquisa patrocinada pelo governo", escreveu, "ela vai acabar se transformando em um Catálogo Montgomery Ward Mcluhanizado" – numa alusão a um catálogo de compras pelo correio famoso entre os norte-americanos. "É no campo dos embates efetivos [...] que os adeptos da pós-política são letais, convictos de que a tecnologia vai, por si mesma, transcender todas as tentativas de contê-la", lamentava.

Contudo, o que chamou a minha atenção foi a conclusão inesquecível desse ensaio. Schwartz menciona um aquário marinho recém-adquirido para abrigar seus peixes tropicais. Apesar da opinião de muitos aquaristas, comentou ele, bem mais importante do que as características químicas da água no tanque (por exemplo, a temperatura, os níveis de pH, os vestígios de metais etc.), é o bem-estar das bactérias invisíveis presentes no aquário. Quando essas bactérias morrem, a morte dos peixes é praticamente inevitável – ainda que continuem a nadar por mais algum tempo –, o que causa muita confusão entre os observadores externos.

No que se refere ao vídeo e à TV a cabo, continua Schwartz, a situação é basicamente a mesma.

> Tal como utilizados, os meios de comunicação existentes são dolorosamente inadequados para a comunicação de sua própria crise [...]. E, quando olho para o mundo do vídeo, noto que prestamos atenção demais ao que Nós fazemos e nos preocupamos muito pouco com o que Eles fazem. Assim como os meus peixes, talvez, no mesmo momento em que desfrutamos de sua existência, o fim já se avizinha.

Examinando o mundo tecnológico atual, não é difícil chegar a uma conclusão similar: no fundo, estamos diante do nosso próprio aquário digital, repleto de peixes mortos que, milagrosamente, continuam a nadar. E fazem isso apesar dos crescentes indícios de que os sonhos utópicos, que estão por trás da concepção da internet como uma rede intrinsecamente democratizante, solapadora do poder e cosmopolita, há muito perderam seu apelo universal. A aldeia global jamais se materializou – em vez disso, acabamos em um domínio feudal, nitidamente partilhado entre as empresas de tecnologia e os serviços de inteligência.

Quão genuína era a promessa de emancipação implícita nos primórdios da cibercultura? Teria sido possível outro rumo, se os cidadãos assumissem o controle? Ainda nos resta a esperança de retomar a soberania popular na tecnologia?

Não há como responder a tais questões sem antes admitir a presença do elefante na sala do servidor: as nossas tecnologias – e as ideologias que elas promovem – são, em grande medida, norte-americanas. É bem verdade que as empresas de tecnologia russas e chinesas têm fortalecido cada vez mais a sua musculatura, tanto em casa como no exterior. Não há como negar, porém, que os governos desses países se opõem mais ao imperialismo de Washington do que ao neoliberalismo do Vale do Silício. O que eles mais temem é o uso geopolítico das plataformas estrangeiras de tecnologia contra seus interesses nacionais; mas não veem muito problema no modelo básico hipercapitalista de plataforma/monopólio adotado por muitas empresas do Vale do Silício.

O caso europeu é bem mais deprimente. Com raras exceções, como o Skype e o Spotify, não há equivalentes regionais do Facebook, do Google ou da Amazon, e a região parece ter se conformado com o predomínio do Vale do Silício, ainda que os outros setores da economia europeia, desde os fabricantes de automóveis até as editoras, comecem a mostrar inquietação com a possibilidade de seus mercados serem engolidos pelas empresas norte-americanas de tecnologia. Nesse aspecto, as notícias não são nada boas: eles já foram engolidos. O pior, contudo, é o fato de que a própria história europeia de contracultura informática – que era muito mais política, comunitária e de viés esquerdista – foi inteiramente erradicada da história.

Tudo o que resta na imaginação pública mundial é a contracultura tecnológica dos Estados Unidos – com seu individualismo, consumismo e celebração de Ayn Rand. Talvez seja difícil lembrar, hoje, na segunda década do século XXI, mas a cultura dos *hackers* europeus já foi muito diversa: a Itália, a Alemanha e a Holanda – para mencionar apenas alguns países – levaram adiante amplos experimentos com mídias descentralizadas e independentes. Os *hackers* europeus tinham muito em comum com as lutas políticas diretas e os movimentos estudantis das décadas de 1960 e 1970; estavam intimamente ligados aos movimentos de ocupação ilegal de edifícios vazios, assim como a diversos núcleos, muitas vezes também ilegais, de protesto social. Tais movimentos sempre assumiram uma postura de clara oposição ao Estado e aos militares, o que sem dúvida contribuiu para o seu desaparecimento e absorção por instituições estabelecidas.

Nos Estados Unidos, a situação era exatamente oposta: o setor de defesa patrocinou não só os primeiros experimentos com LSD, como também grande parte da tecnocultura subsequente. Com exceção do Chaos Computer Club na Alemanha – que privilegia questões de vigilância e privacidade e pouco tem a dizer sobre a economia –, o Vale do Silício acabou dominando completamente nossa maneira de pensar sobre a tecnologia e a subversão. Atualmente, supõe-se que os *techies*[1] canalizem a sua dissidência por meio dos aplicativos – uma cortesia

1 Aficionados e entusiastas da tecnologia e da informática.

de generosos investidores de risco. Os Estados Unidos também tiveram sua cota de ataques às instituições. No final da década de 1960 e no início da seguinte, a burocracia estatal tornou-se alvo de ataques já que a Guerra do Vietnã era, com frequência, considerada o testemunho derradeiro de que tecnocratas frios e impiedosos estavam no comando. O país, porém, achou uma resposta engenhosa a esse problema: o capitalismo e as respectivas instituições repressivas precisavam ser combatidos tanto no plano individual – por meio do desenvolvimento interno e do crescimento pessoal – como no plano coletivo, com mais capitalismo, ainda que em sua versão mais simpática, de escala menor e mais descentralizada.

Essa ideologia californiana, com ecos da *New Age* – vamos cultivar e liberar as nossas divindades interiores e comprar com mais critério! –, por fim encontrou muito apoio na comunidade contracultural americana, pois, na ausência de um movimento forte dos trabalhadores, trazia a promessa de um modo de vida bem melhor do que o intolerável tédio suburbano do compromisso fordista do pós-guerra.

Duas instituições – o Instituto Esalen e o *Whole Earth Catalog* – foram especialmente relevantes na promoção desse consenso pró-capitalista. O Instituto Esalen, na Califórnia, tornou-se o centro do desenvolvimento espiritual, onde, como resultado da aplicação de técnicas de terapia Gestalt originárias da Europa, os alunos podiam desenvolver novos potenciais humanos que não só os ajudariam a lidar com quaisquer problemas psíquicos causados pelo capitalismo, como também encontrar um novo sentido existencial em um mundo que desmoronava. O Instituto contava com inúmeros místicos eloquentes que podiam explicar e justificar praticamente tudo; o viés de culto da atual cultura tecnológica – com pílulas de sabedoria distribuídas em conferências TED e em festivais como o Burning Man – decorre diretamente do Instituto Esalen.

Já o *Whole Earth Catalog* envergava o manto da luta contra as instituições, argumentando que o capitalismo e a crise ecológica seriam superáveis caso houvesse um capitalismo mais inteligente e humanitário, algo possível se os consumidores fossem mais bem informados. Nesse sentido, o *Whole Earth Catalog* buscava fortalecer esse consumidor por meio da indicação de produtos que, de outro modo, passariam despercebidos. O seu criador, Stewart Brand, foi um dos primeiros a usar o termo *"hacker"* nesse contexto: o *"hacker"* era alguém capaz de estragar o capitalismo global, o Estado e qualquer outra instituição que surgisse em seu caminho graças a tecnologias mais inteligentes e apropriadas.

Para escapar à opressão, era preciso comprar a emancipação no próprio mercado – e havia pouca diferença entre uma opressão das corporações ou dos eventuais compromissos para com os concidadãos. A burocracia institucional era um alvo particularmente importante, um resquício das lutas anti-institucionais – visavam hospitais e escolas como estabelecimentos opressores – travadas na década de 1970 por pessoas como Ivan Illich, um aliado de Brand.

Nesse contexto intelectual mais amplo é que se entende por que Steve Jobs (que, em 2005, reconheceu a influência de Brand e do *Whole Earth Catalog* em seu modo de pensar) pôde, com tanta facilidade, se apresentar como um herói da contracultura que enfrentava os poderes estabelecidos. E, de fato, os primeiros usuários da Apple podiam "hackear" o computador e modificá-lo à vontade, pois a empresa se colocava contra os outros fabricantes de computadores que não permitiam alterações em seus *hardwares*. Nesse sentido, o ato de "hackear" era uma crítica moral do capitalismo tecnológico contemporâneo. Aos poucos, contudo, a alternativa oferecida pela Apple tornou-se o próprio sistema vigente – para virar um *"hacker"*, bastava comprar os produtos da Apple, que logo se tornaram tão fechados quanto os dos seus primeiros concorrentes. A crítica moral evaporara: tratava-se de puro marketing aspiracional, um conto de fadas que convenceu a classe média norte-americana de que ela também poderia ser ousada e *cool* – mas no âmbito do mercado.

Três décadas depois, o que se nota é que o Vale do Silício encampa a mesma retórica da emancipação por meio do consumo, mas de maneira bem mais sinistra. Na década de 1970, Stewart Brand simplesmente selecionava e indicava os produtos que apreciava; ele mesmo não os produzia. Hoje, porém, o Vale do Silício fica feliz em nos fornecer uma multiplicidade de ferramentas para enfrentar o sistema, ferramentas produzidas lá mesmo, no Vale do Silício: a Uber nos oferece serviços de transporte que se contrapõem ao setor existente dos táxis; o Airbnb nos ajuda a encontrar acomodações e evitar o setor hoteleiro; a Amazon se encarrega de vender livros sem passar pelas livrarias; para não mencionar os incontáveis aplicativos que nos vendem vagas de estacionamento, nos arranjam parceiros sexuais, fazem reservas para nós em restaurantes. Não resta quase nenhuma restrição social, econômica ou política que o Vale do Silício não tenha se empenhado em romper.

O apelo global desse tipo de retórica somente pode ser entendido se lermos essas tendências em contraposição a outras duas: a primeira é o surgimento da desconfiança pós-moderna diante de tudo o que seja remotamente consolidado – de imediato percebido como corrupto e a serviço de interesses escusos –, e a segunda, o triunfo da ideologia neoliberal subsequente à Guerra Fria que suprimiu com êxito os aspectos não econômicos da nossa existência social, fazendo com que a identidade de consumidor sobrepujasse a de cidadão.

Os aspectos mais brutais de uma empresa como a Uber não fariam muito sentido num mundo em que nos preocupássemos com os nossos concidadãos – fossem eles motoristas ou passageiros portadores de deficiências. Não é de admirar que estes constituam uma categoria que a Uber prefere ignorar: ao não incluir entre os requisitos iniciais um treinamento especial para os motoristas, de modo que pudessem atender aos portadores de deficiências, a empresa pôde reduzir os custos e oferecer tarifas mais baratas. Porém, num mundo em que escasseiam os vínculos sociais e o sentimento de solidariedade, a Uber, tal como o Walmart na geração anterior, faz todo o sentido. Ela oferece um serviço mais direto, eficiente – e, o mais importante, mais barato. O que mais pode querer um típico cidadão neoliberal?

Se o Vale do Silício simplesmente se aproveitou da dissolução dos laços de solidariedade na sociedade ou se contribuiu ativamente para essa dissolução, trata-se de uma questão similar àquela sobre a origem do ovo e da galinha. Seja como for, o êxito do Vale do Silício tornou-se a narrativa preponderante do próprio capitalismo contemporâneo. No entanto, o argumento do Vale do Silício já não se restringe à retórica da rebelião contra os interesses consolidados – agora ele também faz apelo à mobilidade social que seria proporcionada pelo setor tecnológico às classes inferiores. A Uber afirma que ajuda os consumidores, que hoje podem pagar menos por seus deslocamentos. O Airbnb alega que ajuda seus usuários a obter um rendimento adicional e, com isso, a enfrentar as turbulências da crise financeira. O Facebook afirma que pretende conectar os pobres da Índia e do Brasil à internet.

A esquerda, que nunca se distinguiu por narrativas empolgantes de cunho tecnológico, não tem nada parecido a oferecer. Pior ainda, jamais vai propor algo assim se não reescrever a história da internet – o âmbito intelectual do Vale do Silício – como uma história do capitalismo e do imperialismo neoliberais. Como conceito, a internet não é uma foto nítida e em alta resolução da realidade; ela se parece mais com uma das manchas do teste de Rorschach. Assim, dependendo de quem contempla a imagem, e de qual é sua agenda política e ideológica, podem variar muito as lições que dali são extraídas. O problema da "internet", como conceito regulador no qual basear a crítica ao Vale do Silício, está no fato de ela ser ampla e ambígua demais – incluindo exemplos que levam a conclusões diametralmente opostas –, o que sempre vai permitir ao Vale do Silício uma saída fácil em termos de negação. Portanto, qualquer crítica efetiva requer também que se evite o conceito.

Mesmo projetos como a Wikipedia estão sujeitos a essa leitura dupla e indeterminável. Nos Estados Unidos, nos meios universitários de viés esquerdista, a tendência dominante é ver, no êxito da Wikipedia, uma comprovação de que as pessoas, apenas com seus recursos, são capazes de produzir bens públicos, de modo altruísta e fora do âmbito do mercado. Mas a leitura libertária de direita da Wikipedia ressalta outra lição: tais projetos autônomos nos mostram que não há necessidade de financiar instituições que produzem bens públicos, como conhecimento e cultura, porque alguém – a notória coletividade – pode fazer isso melhor e de graça. Essa, de qualquer modo, é a história por trás da difusão do financiamento coletivo [*crowdfunding*] na Europa – um substituto inadequado para os generosos orçamentos culturais que tiveram de ser cortados em razão das medidas de austeridade.

A nossa incapacidade de ver tudo isso por outro prisma que não aquele focado na internet é o que explica a dificuldade de decifrar um conceito como o de "economia compartilhada" [*sharing economy*]. Estamos diante do surgimento de um verdadeiro pós-capitalismo cooperativo, ou diante apenas do bom e velho capitalismo, com a sua tendência a transformar tudo em mercadoria, mas com anabolizantes? Há incontáveis maneiras de responder a essa questão se as procurarmos na história da própria internet – que começou com um grupo de empreendedores geniais em um fundo do quintal ou graças ao generoso financiamento público das universidades? –, mas, provavelmente, não há como chegar a nenhuma conclusão remotamente precisa. Aí vai uma pista: para entender a "economia compartilhada", nada melhor do que começar, bem, pela própria economia.

De um ponto de vista cultural, o mais interessante não é saber se a internet promove o individualismo ou a cooperação social (ou, ainda, se ela solapa ou reforça ditaduras); o que interessa é o motivo por que temos de levantar questões tão importantes em função da "internet" – como se esta se tratasse de uma entidade que paira inteiramente separada do funcionamento da geopolítica e do atual capitalismo totalmente financeiro. Enquanto não conseguirmos pensar fora da "internet", jamais conseguiremos fazer um balanço justo e preciso das tecnologias digitais à disposição.

Lamentavelmente, passamos as duas últimas décadas confundindo a nossa interpretação da mancha de tinta de Rorschach da internet, por si confusa, com a realidade – em decorrência dos esforços bem-sucedidos dos marqueteiros do Vale do Silício. Dedicamos tempo demais a decifrar o significado dessa mancha de tinta, em vez de analisar as tendências efetivas – nos setores de emprego, automação e financiamento – que a produziram. Tendo nos acomodado a determinada narrativa que ressalta a importância da internet na explicação da realidade ao nosso redor, seja ela penosa ou inspiradora, continuamos a buscar casos interessantes que confirmem que a narrativa está correta – o que só reforça a convicção de que a nossa narrativa predileta deve ser fundamental para qualquer explicação das adversidades atuais.

O que significa, na prática, pensar "fora da internet"? Bem, significa ir além dos contos de fadas inventados pelo complexo industrial-divulgador do Vale do Silício. Significa prestar atenção às minúcias econômicas e geopolíticas do funcionamento de tantas empresas de alta tecnologia que atualmente nos escapam. Por exemplo, seria bom saber que a Uber – grande defensora da mobilidade e da contestação às elites – é uma empresa de 72 bilhões de dólares parcialmente financiada pelo banco de investimentos Goldman Sachs. Do mesmo modo, seria esclarecedor perceber que o atual pacote de tratados de comércio – como o TISA [*Trade in Services Agreement*, Acordo sobre Comércio de Serviços], o TTIP [*Transatlantic Trade and Investment Partnership*, Acordo de Parceria Transatlântica de Comércio e Investimento] e o TPP [*Trans-Pacific Partnership*, Parceria Transpacífico] – também visa incentivar a livre circulação de dados – um eufemismo insosso do século XXI para designar "a livre circulação do capital" –, os quais vão, na verdade, constituir um dos pilares principais do novo regime de comércio global.

E o que há na retórica da "cidade inteligente" [*smart city*] – outro conceito popular – que soa tão reconfortante e progressista? Numa leitura mais atenta, isso significa apenas que nossa infraestrutura urbana será entregue a um grupo de empresas de tecnologia – não muito adeptas da transparência –, que a administrará do jeito que quiser, tornando quase impossível mais tarde a devolução das cidades ao setor público. (Como se faria uma reestatização dos serviços encampados pelo

Google, por exemplo?) Seria apenas uma coincidência o fato de que a agenda oficial de política europeia do Departamento de Comércio americano, tal como apresentada em seu *website* até o fim do governo Obama, relacionava, simplesmente: "TTIP, cidades inteligentes, mercado único digital"?

Uma perspectiva pós-internet como essa talvez faça o mundo parecer muito deprimente – mas ele ficará tão deprimente quanto a realidade do capitalismo contemporâneo. Essa nova visão também proporciona um resumo do que precisa ser feito – e mostra em quem se pode ou não confiar para levar adiante esse programa de emancipação. Uma discussão adulta e madura sobre a construção de um futuro tecnológico robusto tem de partir do reconhecimento de que esse futuro tecnológico deverá ser desvinculado do neoliberalismo.

Assim, em vez de prosseguir com essa discussão interminável sobre o poder que podemos exercer por meio do consumo, ou sobre como devemos nos adaptar à última calamidade aprendendo a decifrar nossa própria solução individual, o que nos cabe perguntar é de que modo as políticas de austeridade afetam a quantidade de recursos disponíveis para a inovação. Precisamos averiguar se o fato de muitas de essas empresas de tecnologia não pagarem impostos na verdade impede que surjam alternativas a elas no setor público. Precisamos reconhecer que a incapacidade das pessoas para saldar as suas despesas corriqueiras, em virtude da crise financeira, torna a economia compartilhada – ao facilitar às pessoas a negociação de seus bens e serviços – não só muito atraente, como também inevitável.

De outro modo, uma hora ou outra os peixes vão começar a morrer diante dos nossos olhos. Sim, ainda há tempo para mudar as bactérias no nosso aquário global. Mas não devemos nos iludir com a crença de que um meio de emancipação social possa surgir e prosperar num ambiente político extremamente tóxico, que é individualista e consumista e não admite a existência de vida fora do mercado. Como Schwartz comentou em seu artigo de 1973, "as novas mídias podem comunicar novos valores encarnados em si ou podem promover um consumismo novo e dinâmico, numa embalagem eletrônica para valores antigos".

Para retomar uma das questões originais desse ensaio: é possível que os cidadãos reconquistem a soberania popular sobre a tecnologia? Sim, é possível – mas somente se antes reconquistarmos a soberania sobre a economia e a política. Se a maioria de nós acredita em algum tipo de "fim da história" – sem disposição ou capacidade para questionar a possibilidade de uma alternativa genuína tanto ao capitalismo global como ao predomínio do mercado na vida social –, então não resta de fato nenhuma esperança; quaisquer que fossem os novos valores contidos na internet, eles acabariam esmagados pela força da subjetividade neoliberal.

Todavia, dado o estado calamitoso em que o capitalismo se encontra hoje – desde a crise financeira, passando pelas guerras no Oriente Médio, até a desagregação potencial da União Europeia –, é difícil pressupor qualquer uma dessas narrativas de "fim da história". Assim, a má notícia é que, para a internet dar conta do seu potencial, o próprio capitalismo tem de acabar. A boa notícia é que isso pode acontecer bem mais cedo do que se imagina.

* * *

A tese deste livro é simples: hoje, toda discussão de tecnologia implica sancionar, muitas vezes involuntariamente, alguns dos aspectos mais perversos da ideologia neoliberal. Pior ainda, pouco importa o lado que se escolha, visto que quase todas as críticas do Vale do Silício também estão alinhadas com o neoliberalismo.

Por isso, os críticos da tecnologia, sobretudo nos Estados Unidos, podem odiar o Google e a Amazon, mas isso não garante que estejam do lado do povo e da sua luta pela emancipação do atual capitalismo financeiro predatório. A crítica deles é geralmente conservadora, mesmo que o seu alvo – quase sempre o Vale do Silício – seja igualmente odiado pela esquerda.

É possível fazer uma crítica emancipatória da tecnologia? Estou convencido de que sim. Mas o primeiro passo para que ela seja articulada é entender as deficiências da nossa crítica de tecnologia atual, que é ineficaz por algum motivo. E há apenas uma forma de torná-la radical e verdadeiramente efetiva: ela precisa tratar seriamente não só da economia política do Vale do Silício, como também de seu papel cada vez mais preponderante na arquitetura fluida, e em constante evolução, do capitalismo global contemporâneo.

Não é que as promessas do Vale do Silício sejam falsas ou enganosas – ainda que muitas vezes isso ocorra –, mas elas só podem ser entendidas, por exemplo, através do prisma da dissolução do Estado do bem-estar social e da sua substituição por alternativas mais enxutas, rápidas e cibernéticas, ou através do prisma do papel que a livre circulação de dados está destinada a desempenhar sob um regime de comércio global totalmente desregulado – questões que não costumam ser levantadas quando falamos do Facebook, do Google ou do Twitter. Mas é preciso levantá-las: tal como o Vale do Silício, cujo futuro só existe sob o capitalismo contemporâneo, também o capitalismo só tem futuro à sombra do Vale do Silício.

POR QUE ESTAMOS AUTORIZADOS A ODIAR O VALE DO SILÍCIO [2]

Se Ronald Reagan foi o primeiro presidente teflon, então o Vale do Silício é a primeira indústria teflon: não importa quanta lama se atire nela, nada parece grudar ali. "Big Pharma" (as grandes companhias farmacêuticas), "Big Food" (as grandes alimentícias) e "Big Oil" (as grandes petroleiras) são termos depreciativos usados para descrever a ganância suprema que reina nesses setores, porém não se nota a mesma animosidade no caso de "Big Data". Esse termo inocente nunca é usado em referência às agendas compartilhadas das empresas de tecnologia. Que agendas são essas? Afinal, esses caras não estão empenhados em melhorar o mundo, em linha após linha de programação?

Há algo estranho aí. Embora entendamos que os interesses das empresas farmacêuticas, alimentícias e petrolíferas são naturalmente divergentes dos nossos, raras são as ocasiões que nos aproximamos do Vale do Silício com a desconfiança necessária. Em vez disso,

[2] Publicado como "Why We Are Allowed to Hate Silicon Valley" (2013). In: D. Starkman, M. M. Hamilton e R. Chittum (Eds.). *The Best Business Writing*. New York: Columbia University Press, 2014, pp. 3-15.

continuamos a considerar os dados como se fossem uma mercadoria mágica e especial que, sozinha, poderia defender-se contra qualquer gênio maligno que ousasse explorá-la.

No começo de 2013, porém, um pequeno arranhão apareceu no teflon retórico do Vale do Silício. O caso Snowden contribuiu para isso, entre outras coisas. O mundo parece ter enfim percebido que a "disrupção" [*disruption*] – a palavra predileta das elites digitais – descreve um fenômeno bastante desagradável e doloroso. Os professores universitários começam já a se queixar da "disrupção" provocada pelos MOOCs [*Massive Open Online Courses*, Cursos *on-line* abertos e massivos]; os taxistas mobilizam-se contra serviços como o da Uber; os moradores de São Francisco finalmente lamentam a "disrupção" dos aluguéis mensais em uma cidade subitamente tomada por milionários. Além disso, claro, há as ideias loucas e mesquinhas concebidas no próprio Vale do Silício: a mais recente, apresentada por um executivo do setor de tecnologia numa conferência, é a de que o Vale do Silício deveria se separar do país e "construir uma sociedade de adesão opcional, em última análise fora dos Estados Unidos, gerida por meios tecnológicos". Vamos nos colocar em seu lugar: um país onde é preciso uma comissão no Congresso para consertar um *site* na internet é uma vergonha para o Vale do Silício.

Esse descontentamento esfuziante é algo tranquilizador. Poderia até mesmo ajudar a enterrar alguns dos mitos engendrados pelo Vale do Silício. Não seria ótimo que um dia, diante da afirmativa de que a missão do Google é "organizar as informações do mundo e torná-las acessíveis e úteis para todos", pudéssemos ler nas entrelinhas e compreender o seu verdadeiro significado, ou seja, "monetizar toda a informação do mundo e torná-la universalmente inacessível e lucrativa"? Esse ato de interpretação subversiva eventualmente nos possibilitaria alcançar a maior de todas as compreensões emancipadoras: deixar o Google organizar todas as informações do mundo faz tanto sentido quanto deixar a Halliburton lidar com todo o petróleo do planeta.

Mas qualquer celebração é prematura: o Vale do Silício ainda mantém um controle firme das engrenagens do debate público. Enquanto nossa crítica se limitar ao plano da tecnologia e da informação – um nível frequentemente descrito pelo termo "digital", essa palavra gasta, péssima e sem sentido –, o Vale do Silício continuará a ser visto como uma indústria extraordinária e singular. Quando os ativistas da alimentação pressionam as grandes indústrias alimentícias e acusam as empresas de acrescentar sal e gordura demais aos salgadinhos a fim de estimular o consumo de seus produtos, ninguém se atreve a acusá-los de serem contrários à ciência. No entanto, críticas semelhantes ao Facebook ou ao Twitter – por exemplo, a de que projetaram os seus serviços de maneira a estimular as nossas ansiedades e a nos levar a sempre clicar no botão "atualizar" para obter a publicação mais recente – evocam quase imediatamente acusações de que somos tecnofóbicos e luditas.

Há um motivo simples para o debate digital parecer tão vazio e inócuo: definido como "digital" em vez de "político" e "econômico", desde o princípio o debate é conduzido em termos favoráveis às empresas de tecnologia. Sem o conhecimento da maioria de nós, a natureza aparentemente excepcional das mercadorias em questão – desde a "informação", passando pelas "redes", até a "internet" – está codificada em nossa linguagem. É essa excepcionalidade oculta que permite ao Vale do Silício descartar seus críticos, chamando-os de luditas, os quais, ao se oporem à "tecnologia", à "informação" ou à "internet" – não se usam plurais no Vale do Silício, pois toda nuance traz o risco de confundir seus cérebros –, também devem ser opositores do "progresso".

Como identificar "o debate digital"? Basta reconhecer os argumentos que remetem à essência das coisas – da tecnologia, da informação, do conhecimento e, claro, da própria internet. Assim, sempre que ouvimos alguém dizer "Essa lei é ruim porque vai quebrar a internet" ou "Esse novo aparelho é bom porque a tecnologia precisa dele", sabemos que não estamos mais no terreno da política – onde os argumentos costumam girar em torno do bem comum – e adentramos o reino da metafísica ruim. Nesse domínio, somos solicitados a defender o bem-estar de divindades digitais fantasmagóricas que funcionam como prepostos convenientes dos interesses empresariais. Por que qualquer coisa que poderia "quebrar a internet" também quebraria o Google? Isso não pode ser uma coincidência, pode?

Talvez devêssemos abandonar por completo a dialética tecnologia/progresso. "Tudo bem ser ludita?" é o título de um fabuloso ensaio publicado por Thomas Pynchon em 1984 – uma pergunta a que ele respondeu, de modo geral, positivamente. Hoje a questão parece obsoleta. "Tudo bem não ser um ludita, mas ainda assim odiar o Vale do Silício?" é uma pergunta bem melhor, pois o verdadeiro inimigo não é a tecnologia, mas o atual regime político e econômico – uma combinação selvagem do complexo militar-industrial e dos descontrolados setores banqueiro e publicitário –, que recorre às tecnologias mais recentes para alcançar seus horrendos objetivos (mesmo que lucrativos e eventualmente agradáveis). O Vale do Silício é a parte mais visível, mais discutida e mais ingênua desse conjunto. Em suma, tudo bem odiar o Vale do Silício – só precisamos fazê-lo pelos motivos certos. A seguir apresentamos três deles – e essa lista está longe de ser exaustiva.

UMA RETÓRICA TÃO SUBLIME QUANTO REVOLUCIONÁRIA

Primeiro motivo: as empresas do Vale do Silício estão construindo o que chamo de "cerca invisível de arame farpado" ao redor de nossas vidas. Elas nos prometem mais liberdade, mais abertura, mais mobilidade; dizem que podemos circular onde e quando quisermos. Porém, o tipo de emancipação que de fato obtemos é falsa; é a emancipação de um criminoso que foi recém-libertado, mas que ainda está usando uma tornozeleira.

Não resta dúvida de que um carro autônomo pode tornar nossos deslocamentos diários menos incômodos. No entanto, um carro autônomo operado pelo Google não seria apenas um veículo autônomo, mas também um santuário à vigilância – sobre rodas! Ele registrará todos os lugares que frequentarmos. Pode até nos impedir de ir a certos locais quando o nosso humor – em função de análises da expressão facial – indicar que estamos com raiva, exaustos ou emocionados demais. Claro que há exceções – às vezes, o GPS pode ser extremamente útil –, contudo a tendência é óbvia: todo novo sensor adicionado ao carro pelo Google seria um novo meio de controle. E este nem sequer precisa ser acionado para alterar o nosso comportamento – basta sabermos que ele existe.

Vejamos o caso dos MOOCs. Sem a menor dúvida, eles produziriam muitas mudanças nas relações de poder, entre as quais algumas mais evidentes e positivas já conhecemos: estudantes com mais oportunidades de aprendizado a um custo menor; crianças na África finalmente com acesso aos melhores cursos oferecidos nos Estados Unidos, e assim por diante. E quanto às mudanças imperceptíveis? Vamos considerar a Coursera, empresa fundada por um engenheiro sênior do Google e que logo se tornou uma das líderes no setor dos MOOCs. Agora a Coursera usa a biometria – o reconhecimento facial e a análise de velocidade de digitação – para confirmar a identidade do aluno. (Isso vem a calhar na hora de emitir os certificados de conclusão!) Como se deu essa passagem, de universidades abertas a universidades que usam biometria para comprovar a identidade dos alunos? Como disse Gilles Deleuze em conversa com Antonio Negri em 1990, "Em face das formas próximas de um controle incessante em meio aberto, é possível que os confinamentos mais duros pareçam pertencer a um passado delicioso e benevolente". Essa conexão entre a aparente abertura da nossa infraestrutura tecnológica e o grau cada vez maior de controle continua a ser pouco compreendida.

O que significa essa cerca invisível de arame farpado na prática? Suponha que você está pensando em virar vegetariano. Então resolve acessar o recurso de Graph Search no Facebook a fim de saber quais são os restaurantes vegetarianos favoritos dos seus amigos que moram nas proximidades. O Facebook entende que você está considerando tomar uma decisão importante que vai afetar diversas indústrias: uma ótima notícia para os produtores de tofu, ainda que péssima para a seção de carnes do supermercado.

O Facebook seria tolo se não lucrasse com esse conhecimento, por isso, em tempo real, ele organiza um leilão de anúncios para verificar se a indústria da carne tem mais interesse em você do que a de tofu. É nesse ponto que o seu destino lhe escapa das mãos. Parece besteira até que você entra no supermercado e recebe no celular a notificação de que a seção de carnes está oferecendo descontos de 20%. No dia seguinte, ao passar pela churrascaria local, o celular vibra de novo, com outra oferta de desconto. Entre aqui, aproveite esta oferta! Após uma semana de deliberação – e muitas promoções para consumo de carne –, você decide que talvez seja melhor não virar vegetariano. Caso encerrado.

Evidentemente, se o setor de tofu tivesse vencido o leilão, talvez as coisas corressem de outro modo. No entanto, pouco importa quem sai vencedor. O importante é que uma decisão que parece autônoma, na realidade, não o é nem um pouco. Você se sente livre e empoderado para tomar decisões; pode até escrever uma mensagem de agradecimento a Mark Zuckerberg. Mas tudo isso é risível: você está simplesmente à mercê do maior lance. E a concorrência entre eles diz respeito a quem vai lhe mostrar um anúncio relevante – um anúncio baseado em tudo o que o Facebook conhece sobre suas ansiedades e inseguranças. Não se trata mais de uma publicidade insípida e unidimensional.

Esse exemplo não é produto da minha imaginação fértil. Em 2012, o Facebook fechou um acordo com a empresa Datalogix, que lhe permitiria associar o que você compra no supermercado aos anúncios que vê no Facebook. O Google já tem um aplicativo – o Google Field – que analisa constantemente lojas e restaurantes na sua vizinhança para lhe indicar as últimas ofertas. Esse exemplo não tem nada a ver com o ódio à tecnologia ou à informação: trata-se de economia política, propaganda e autonomia. O que isso tem a ver com o "debate digital"? Muito pouco.

O modelo de capitalismo "dadocêntrico" adotado pelo Vale do Silício busca converter todos os aspectos da existência cotidiana em ativo rentável: tudo aquilo que costumava ser o nosso refúgio contra os caprichos do trabalho e as ansiedades do mercado. Isso não ocorre apenas pela atenuação da diferença entre trabalho e não trabalho, mas também quando nos faz aceitar tacitamente a ideia de que nossa reputação é uma obra em andamento – algo a que podemos e devemos nos dedicar 24 horas por dia, sete dias por semana. Dessa maneira, tudo vira um ativo rentável: nossos relacionamentos, nossa vida familiar, nossas férias e até nosso sono (agora você é convidado a rastrear o sono, a fim de aproveitá-lo ao máximo no menor tempo possível). A retórica associada a tais "avanços" é tão sublime quanto revolucionária, sobretudo ao se mesclar a temas como o da "economia compartilhada". "Esta é a primeira etapa de algo mais profundo, ou seja, a capacidade das pessoas de estruturar a vida em função das múltiplas atividades da economia compartilhada, como uma escolha deliberada, e não um trabalho das nove às seis, cinco dias por semana", comentou em uma entrevista recente o professor Arun Sundararajan, da Universidade de Nova York, um grande adepto da "economia compartilhada". "É a tecnologia que está por trás desse progresso. Este é o ponto crucial", acrescentou. Ah, sim, nunca o "progresso" foi algo tão bom: quem não prefere trabalhar o tempo todo, em vez de apenas se esfalfar das nove da manhã até as seis da tarde?

O CUSTO CRESCENTE DA PRIVACIDADE

Segundo motivo: o Vale do Silício destruiu a nossa capacidade de imaginar outros modelos de gestão e de organização da infraestrutura de comunicação. Podemos esquecer os modelos que não se baseiam em publicidade e que não contribuem para a centralização de dados em servidores particulares instalados nos Estados Unidos. Quem sugerir a necessidade de considerar outras opções – talvez até mesmo modelos já publicamente disponíveis – corre o risco de ser acusado de querer "quebrar a internet". Nós sucumbimos ao que o teórico social brasileiro Roberto Mangabeira Unger chama de "a ditadura da falta de opção": espera-se que aceitemos que o Gmail seja a melhor e única forma possível de usar o correio eletrônico e que o Facebook seja a melhor e a única maneira possível de nos conectarmos em redes sociais.

No entanto, é preciso pensar na estranheza do nosso arranjo atual. Imagine que os Correios pudessem funcionar com um modelo de negócio distinto e mais propício às inovações. Esqueça os selos. Eles custam dinheiro – por que pagar quando há uma maneira de enviar cartas gratuitamente? Imagine o que poderia mudar no mundo: as crianças pobres da África finalmente conseguiriam alcançar você com seus pedidos por mais *laptops*! Assim, em vez de selos, adotaríamos um sistema baseado em publicidade: abrimos todas as cartas que você envia, digitalizamos o conteúdo, introduzimos um anúncio relevante, fechamos de novo a carta e a enviamos ao destinatário.

Parece insano? De fato, parece. Mas é assim que escolhemos usar o nosso correio eletrônico. Na esteira do escândalo da NSA [National Security Agency, Agência de Segurança Nacional] e do desastre do Healthcare.gov, a confiança nas instituições públicas é tão baixa que qualquer esquema alternativo – sobretudo um arranjo que reforce o papel das instituições públicas – parece inconcebível. Mas isso é apenas parte do problema. O que aconteceria quando uma parte da nossa infraestrutura digital, tão apreciada e gerida pelo setor privado, começasse a desmoronar, à medida que as empresas evoluíssem e alterassem os seus modelos de negócio?

No início dos anos 2000, ainda era possível que alguém publicasse livrinhos anódinos intitulados *O que o Google faria?*, com o pressuposto de que a empresa tinha uma filosofia coerente e quase sempre benévola, disposta a subsidiar serviços não lucrativos apenas porque dispunha de recursos para tanto. Depois que o Google acabou com o Google Reader e vários outros serviços populares, não há como garantir essa benevolência. Em alguns anos, pode-se imaginar o dia em que o Google vai anunciar o fim do Google Acadêmico – um serviço gratuito e que não gera nenhum lucro –, usado por milhões de universitários em todo o mundo. Por que não nos preparamos para isso criando uma infraestrutura pública robusta de gestão desses dados? Não parece um tanto ridículo que a Europa seja capaz de levar adiante um projeto como o Cern [*Conseil Européen pour la Recherche Nucléaire*, Conselho Europeu para Pesquisa Nuclear] mas não consiga manter um serviço *on-line* de acompanhamento dos artigos escritos sobre o Cern? Será que é porque o Vale do Silício nos convenceu de que é uma indústria mágica?

Já que as nossas redes de comunicação estão nas mãos do setor privado, não deveríamos cometer o mesmo erro em relação à privacidade. Não deveríamos limitar a solução desse problema complexo às propostas oferecidas pelo mercado. Infelizmente, graças ao zelo empreendedor do Vale do Silício, essa privatização já está em andamento. A privacidade está se tornando uma mercadoria. Como se consegue privacidade hoje em dia? Basta perguntar a qualquer *hacker*: somente aprendendo a usar as ferramentas adequadas. A privacidade deixou se ser uma garantia ou uma coisa de que desfrutamos gratuitamente: agora temos de gastar recursos para dominar as ferramentas. Esses recursos podem ser dinheiro, paciência, atenção – dá até para contratar um consultor que se encarregue de fazer tudo isso –, mas a questão é que a privacidade hoje é algo caro.

E quanto aos que não podem pagar por ferramentas e consultores? Como ficam suas vidas? Quando o fundador de uma *startup* de empréstimos proeminente – nada menos que o ex-diretor de tecnologia do Google – proclama que "todos os dados são relevantes para o crédito, ainda que não saibamos como usá-los", só posso temer o pior. Se "todos os dados são relevantes para o crédito", e a privacidade for inacessível aos pobres, eles devem se preparar para tempos difíceis. Como não ficariam ansiosos se a cada movimento, a cada clique, a cada telefonema, eles podem ser avaliados para merecer crédito, ou não, e a que taxas? Como se o fardo do endividamento não fosse suficientemente angustiante, teremos de conviver com o fato de que, para os desvalidos, a ansiedade começa antes mesmo de obterem o empréstimo. Mais uma vez, não é preciso odiar ou temer a tecnologia para se preocupar com o futuro da igualdade, da mobilidade e da qualidade de vida. Com seus inevitáveis desvios para o pessimismo cultural, o "debate digital" simplesmente não conta com recursos intelectuais para enfrentar essas questões.

ONDE ESTÃO OS APLICATIVOS PARA COMBATER A POBREZA OU A DISCRIMINAÇÃO RACIAL?

Terceiro motivo: a epistemologia simplista do Vale do Silício tornou-se um modelo que começou a ser imitado por outras instituições. O problema do Vale do Silício não está só em viabilizar a NSA, mas também em incentivá-la e até mesmo impulsioná-la.

Ele inspira a NSA a continuar buscando conexões em um mundo de *links* sem sentido, a registrar todos os cliques, a garantir que nenhuma interação passe despercebida, fique sem registro e deixe de ser analisada. Tal como o Vale do Silício, a NSA pressupõe que tudo esteja interconectado: se ainda não conseguimos estabelecer a ligação entre dois dados é porque não procuramos o suficiente – ou, então, porque precisamos de um terceiro dado, a ser coletado no futuro, de modo que tudo acabe fazendo sentido.

Há certo delírio nessa prática – e não uso o termo "delírio" metaforicamente. Para o filósofo italiano Remo Bodei, o delírio não se deve a uma carência de atividade psíquica, como postulam certas teorias psicanalíticas, e sim de seu excesso. O delírio, observa ele, é "a incapacidade de filtrar um enorme volume de dados". Enquanto uma pessoa sã e racional "aprende que a ignorância é mais vasta que o conhecimento, e que é preciso resistir à tentação de encontrar mais coerência do que se pode de fato alcançar atualmente", o indivíduo tomado por um delírio não consegue deixar de ver coerência entre fenômenos intrinsecamente incoerentes. Ele generaliza demais, o que resulta no que Bodei chama de "hiperinclusão".

Hoje, a "hiperinclusão" é exatamente o que assola o complexo militar-industrial dos Estados Unidos. E eles nem mesmo escondem isso: assim, Gus Hunt, o diretor de tecnologia da CIA, confessa que "já que não se pode conectar aquilo que não se tem... nós basicamente tentamos coletar tudo e guardar isso para sempre". Essa hiperinclusão, de acordo com Bodei, é a prerrogativa dos delirantes. Para estes, "o acidental, que certamente existe no mundo externo, não tem direito de cidadania no mundo psíquico, onde é 'enviesado' a determinada explicação". Por exemplo, "um louco pode achar significativo que três pessoas em um grupo maior estejam usando gravata vermelha e talvez considerar que isso implica algum tipo de perseguição". Da mesma maneira, a pessoa delirante acredita que "o conceito de 'são José' inclui não só o indivíduo José, mas também uma mesa de madeira, afinal ele era carpinteiro". Bem, talvez seja "delírio" para Bodei, mas, no que diz respeito ao Vale do Silício e a Washington, estamos falando de "a *web* semântica" e de "*Big Data*"!

Para o Vale do Silício, não importa que algumas dessas conexões sejam espúrias. Quando o Google ou o Facebook se confundem e nos mostram um anúncio irrelevante com base numa visão equivocada de quem somos, isso gera um desconforto mínimo e nada mais. Por outro lado, quando a NSA ou a CIA se confundem, isso resulta no zumbido de um drone (ou, se tiver sorte, você pode ser escolhido para uma viagem só de ida, com todas as despesas pagas, para Guantánamo).

Outro problema da epistemologia do Vale do Silício é que a sua visão do mundo é fortemente distorcida por seu modelo de negócio. Diante de todos os problemas, o Vale do Silício sabe reagir apenas de duas maneiras: produzindo mais "computação" (ou códigos de programas) ou processando mais "informações" (ou dados). Provavelmente, a reação será uma combinação de ambos, dando-nos mais um aplicativo para rastrear calorias, clima e trânsito. Esses pequenos êxitos permitem que o Vale do Silício redefina o "progresso" como algo que decorre naturalmente de planos de negócios. Mas, embora "mais computação" ou "mais informação" possam ser soluções privadas lucrativas para determinados problemas, não são necessariamente as respostas mais eficazes para problemas públicos complexos e difíceis, decorrentes de causas institucionais e estruturais profundas.

Ao menos nos Estados Unidos, por exemplo, atribui-se muita importância ao imenso potencial dos celulares para resolver problemas como o da obesidade. Como isso funcionaria? Bem, a ideia é que os celulares que já monitoram o quanto caminhamos – pois contam com sensores para isso – possam nos informar quando andamos menos que o ideal. Os celulares também podem – talvez, em alguma combinação com óculos do tipo Google Glass – monitorar o que comemos e acompanhar a nossa dieta, aconselhando-nos quanto à conveniência de recusar uma sobremesa tentadora. A suposição aqui, derivada da economia comportamental, é que tomamos decisões irracionais e que informações bem orientadas, disponibilizadas no momento adequado por meio da nova infraestrutura digital, podem enfim nos permitir vencer tal irracionalidade.

Porém, é notável como, nesse exemplo, a própria definição de um problema como a obesidade torna-se neoliberal e banal: é tudo culpa nossa! Não estamos de fato tentando resolver o problema, apenas recorrendo a nossas ferramentas – codificação e dados – para redefini-lo de maneira mais conveniente, mas também menos ambiciosa. Talvez, caso você seja pobre, obrigado a ter vários empregos e não disponha de um carro para comprar alimentos orgânicos em mercados especializados, fazer refeições de baixa qualidade em um McDonald's seja uma decisão perfeitamente racional: você obtém a comida pela qual pode pagar. Qual é o sentido de dizer o que você já sabe: que está comendo comida barata e ruim? O problema a ser resolvido nesse caso é o da pobreza – por meio de reformas econômicas –, e não o da carência de informações.

Os sociólogos cunharam um termo para esse fenômeno: "encerramento do problema". Para usar uma nova definição, trata-se da "situação em que uma definição específica de um problema serve para delimitar o estudo subsequente de suas causas e consequências por vias que impedem abordagens conceituais alternativas dele". Uma vez definidas restritivamente as causas e as consequências, não é de admirar que as soluções específicas recebam mais atenção. Esta é a nossa situação atual: inspirados pelo Vale do Silício, os formuladores de políticas redefinem os problemas como se fossem causados, sobretudo, pela insuficiência de informações, ao mesmo tempo que contemplam soluções que só visam a uma coisa: fornecer mais informações por meio do uso de aplicativos. Mas onde estão os aplicativos para combater a pobreza ou a discriminação racial? Criamos aplicativos para resolver problemas que os aplicativos conseguem resolver – em vez de enfrentar os problemas que de fato precisam ser resolvidos.

VAMOS REINTRODUZIR A POLÍTICA E A ECONOMIA NESSE DEBATE

Será que as pessoas do Vale do Silício se dão conta da confusão para a qual estão nos arrastando? Tenho minhas dúvidas. A "cerca de arame farpado" permanece invisível até para seus construtores. Quem quer que tenha criado uma ferramenta para vincular os MOOCS à identificação biométrica não está muito preocupado com o que isso significa para a nossa liberdade: "liberdade" não é o departamento deles, eles apenas elaboram ferramentas descoladas para disseminar o conhecimento!

Aí é que o "debate digital" nos leva ao equívoco: embora seja capaz de falar sobre ferramentas, mal consegue discorrer sobre os sistemas sociais, políticos e econômicos que são viabilizados ou inviabilizados, ampliados ou atenuados por essas mesmas ferramentas. Quando esses sistemas mais uma vez se transformam no foco da nossa análise, o aspecto "digital" da conversa sobre ferramentas torna-se extremamente entediante, pois não explica nada. Já em 1990, Deleuze alertava sobre esse viés das ferramentas:

> A cada tipo de sociedade, evidentemente, pode-se fazer corresponder um tipo de máquina: as máquinas simples ou dinâmicas para as sociedades de soberania, as máquinas energéticas para as de disciplina, as cibernéticas e os computadores para as sociedades de controle. Mas as máquinas não explicam nada, é preciso analisar os agenciamentos coletivos dos quais elas são apenas uma parte.

Nas últimas duas décadas, a nossa capacidade de estabelecer essa conexão entre máquinas e "arranjos coletivos" praticamente se atrofiou. Desconfio que isso tenha acontecido porque presumimos que tais máquinas venham do "ciberespaço", que pertençam ao mundo "on-line" e "digital" – em outras palavras, que nos foram concedidas pelas divindades da "internet". E a "internet", como sempre nos diz o Vale do Silício, é o futuro. Então, opor-se a essas máquinas significa opor-se ao próprio futuro.

Ora, tudo isso é besteira: não existe "ciberespaço", e o "debate digital" não passa de um monte de sofismas inventados pelo Vale do Silício que permitem aos seus executivos dormirem bem à noite. (Além de pagar bem!) Já não ouvimos o suficiente? Como primeiro passo, deveríamos nos apropriar da linguagem banal, mas extremamente eficaz, que eles usam. Depois, deveríamos nos apropriar de sua história imperfeita. E, como terceiro passo, reintroduzir a política e a economia nessa discussão. Vamos enterrar de vez o "debate digital" – juntamente com o excesso de mediocridade intelectual por ele gerado.

SOLUCIONISMO, UM CONTO DE FADAS

A HISTÓRIA DE DUAS DISRUPÇÕES

Há quase uma década nos tornamos reféns de dois tipos de disrupção. Uma delas é cortesia de Wall Street; a outra, do Vale do Silício. Elas dariam uma ótima cena, daquelas em que aparecem um policial bom e o outro mau: um prega a escassez e a austeridade, o outro celebra a abundância e a inovação. Embora pareçam diferentes, um não existe sem o outro.

De um lado, a crise financeira global – e a corrida subsequente para socorrer os bancos – reduziu ainda mais o que restava do Estado de bem-estar social. Isso mutilou – e até extinguiu – o setor público, o único amortecedor remanescente contra o avanço da ideologia neoliberal e seus incansáveis esforços em criar mercados a partir de qualquer coisa.

Depois dos cortes, os poucos serviços públicos remanescentes ficaram com custos proibitivos ou foram forçados a experimentar mecanismos de sobrevivência novos e até, eventualmente, populistas. A difusão do *crowdfunding*, que fez com que as instituições culturais, em vez de recorrer a patrocínios estatais generosos e incondicionais, buscassem arrecadar recursos diretamente dos cidadãos, é um caso relevante: diante da ausência de alternativas, a escolha se dá entre o populismo de mercado – o povo é quem sabe! – ou a extinção.

Em contraste, o segundo tipo de disrupção foi saudado como um desenvolvimento predominantemente positivo. Tudo está sendo digitalizado e conectado – um fenômeno absolutamente natural, caso se possa acreditar nos investidores de risco – e, diante disso, as instituições podem inovar ou morrer. Depois de interligar o mundo, o Vale do Silício nos assegurou que a magia da tecnologia naturalmente permearia todos os cantos da nossa existência. Segundo essa lógica, opor-se à inovação tecnológica equivale a abrir mão dos ideais do Iluminismo: Larry Page e Mark Zuckerberg seriam simplesmente os novos Diderot e Voltaire, reencarnados em empreendedores *nerds*.

E então aconteceu uma coisa bem estranha: de algum modo, fomos convencidos de que o segundo tipo de disrupção não tinha nada a ver com o primeiro. Assim, a difusão dos MOOCs foi narrada sem nenhuma referência à redução dos orçamentos universitários: não, a febre dos MOOCs era apenas o resultado natural do empenho inovador do Vale do Silício – *hackers* que viraram empreendedores e "romperam" as estruturas consolidadas do ensino universitário, tal como haviam feito na música e no jornalismo.

Do mesmo modo, a difusão dos aplicativos de monitoramento não foi associada aos desafios que uma população cada vez mais idosa, já atormentada pela obesidade e por uma variedade crescente de outras enfermidades, apresentava aos sistemas de saúde sucateados – estes estavam passando por seu "momento Napster".[3] Há vários

3 Criado por Shawn Fanning e Sean Parker em 1999, o Napster foi o primeiro programa de compartilhamento de arquivos em rede P2P [*peer to peer*]. A facilidade em compartilhar música de forma ilícita abalou profundamente a indústria fonográfica, e o Napster foi o alvo da primeira grande luta judicial contra redes de compartilhamento na internet. O "Momento Napster" refere-se, assim, ao momento em que certa propriedade intelectual passa a ser pirateada e distribuída de maneira generalizada nas redes, causando danos aos detentores dos direitos autorais – algo que afetou desde a indústria pornográfica até a indústria do livro.

exemplos semelhantes, desde a já mencionada adoção do financiamento coletivo por instituições culturais até a adoção da vigilância preditiva pelos departamentos de polícia: a narrativa da disrupção tecnológica mais instigante roubou a cena da história bem mais deprimente da disrupção política e econômica que pouco tinha a ver com a tecnologia.

Sempre que há colisão dos dois tipos de disrupção, vale a pena ressaltar o seu entrelaçamento mútuo – no mínimo para nos lembrar de que o clamoroso evangelho da inovação tem uma trilha sonora ainda mais latente e sombria. Recentemente, esse choque tornou-se evidente no Teatreneu, uma sala de espetáculos em Barcelona onde se apresentam comediantes. Como tantas outras instituições culturais na Espanha, a sala sofreu uma queda na frequência de público depois que o governo do país, desesperado para obter rendas adicionais que o ajudassem a equilibrar o orçamento, aumentou o imposto sobre a venda de ingressos de 8% para 21%.

Os administradores do Teatreneu acharam então uma solução engenhosa: em parceria com a agência de publicidade Cyranos McCann, instalaram *tablets* sofisticados que analisam expressões faciais no espaldar de todas as poltronas. No novo modelo de negócio, os frequentadores entram de graça no teatro, mas têm de pagar trinta centavos por cada risada identificada pelo *tablet* – até um limite de 24 euros (ou oitenta risadas) por espetáculo. Um aplicativo para celular facilita a realização do pagamento; de maneira geral, estima-se que os preços dos ingressos aumentaram até seis euros. Como bônus, você também pode compartilhar uma *selfie* sorridente com os amigos: o caminho do engraçado ao viral nunca foi tão curto.

Do ponto de vista do Vale do Silício, esse é um exemplo clássico de uma disrupção bem-sucedida: a proliferação de sensores inteligentes e o acesso onipresente à internet dão origem a novos modelos de negócio e fluxos de rendimentos. Também há a criação de emprego para os diversos intermediários que produzem equipamentos e programas. Nunca tivemos tantas opções para o pagamento de bens e serviços com tão pouco ou nenhum esforço: não só podemos usar os celulares, como também, cada vez mais, as cédulas nacionais de identificação (a Mastercard, por exemplo, firmou uma parceria com o governo nigeriano para lançar uma cédula de identificação que também funciona como cartão de débito).

Para o Vale do Silício, isso é mais um relato em que uma tecnologia dá lugar a outra – no fundo, tudo se trata de uma quebra no sistema de pagamento com dinheiro vivo. Essa explicação poderia satisfazer – e talvez até motivar – empreendedores e investidores de risco. Mas por que nós deveríamos aceitar, sem nenhum questionamento, essa explicação? Em que medida precisamos amar a inovação – a verdadeira religião dos tempos atuais – para não notarmos que, no fim das contas, o preço efetivo de um avanço tecnológico, ao menos no exemplo do teatro de Barcelona, é que a arte ficou mais cara?

Ao ocultar a existência de outro tipo de disrupção, a financeira, esse enquadramento tecnocêntrico nos oferece uma explicação bastante superficial do que está acontecendo e dos motivos que levaram a isso. Claro, vamos celebrar o fato de que temos mais facilidade para pagar por mais coisas. Porém, não deveríamos nos preocupar com o fato de que essa mesma infraestrutura também torna bem mais fácil nos cobrar mais – e por mais coisas – do que antes?

É possível que haja muito dinheiro a ganhar com a "quebra" dos pagamentos em dinheiro, mas isso é de fato algo que queremos subverter? O dinheiro vivo não deixa rastros, o que ergue barreiras importantes entre o cliente e o mercado. Quando pagamos em dinheiro, quase todas as transações são singulares – no sentido de que não estão vinculadas umas às outras. Por outro lado, ao pagarmos com o celular – ou ao armazenar sua *selfie* para a posteridade ou compartilhá-la numa rede social –, há um histórico que pode ser explorado por agências de publicidade e por outras empresas.

Não é coincidência que o experimento no teatro de Barcelona tenha sido conduzido exatamente por uma agência de publicidade: o registro de cada transação é uma oportunidade para a coleta de dados aproveitáveis na personalização dos apelos publicitários que nos são dirigidos. Isso significa que toda transação eletrônica que efetuamos nunca está concluída: o seu histórico – ao menos seu rastro de dados – nos acompanha por todos os lados, estabelecendo conexões forçadas entre as nossas atividades cotidianas, que, talvez, devessem permanecer separadas. De repente, suas risadas num show de comédia são analisadas em conjunto com os livros que você comprou, os *sites* que visitou, as viagens que fez, as calorias que consumiu: como atualmente tudo é mediado pela tecnologia, tudo o que fazemos está integrado num perfil específico que pode ser monetizado e aperfeiçoado.

Tais rupturas tecnológicas têm origem em todos os campos, menos na tecnologia. Elas são viabilizadas pelas crises políticas e econômicas que se abatem sobre nós, ao mesmo tempo que suas consequências afetam profundamente a forma como vivemos e nos relacionamos. É muito difícil preservar valores como solidariedade num ambiente tecnológico que prospera com base na personalização e em experiências únicas e individuais.

O Vale do Silício não está mentindo: a nossa vida cotidiana está, de fato, se rompendo. Mas sua ruptura se dá por forças bem mais malignas do que a digitalização ou a interconectividade. E o nosso fetiche pela inovação não é uma desculpa para internalizarmos os custos da recente turbulência econômica e política.

O SOCIALISMO DEFEITUOSO DO VALE DO SILÍCIO

Por mais que o mundo de fora considere o Vale do Silício um bastião do capitalismo impiedoso, os empreendedores do setor tecnológico se consideram comprometidos com a solidariedade, a autonomia e a colaboração. Esses humanitários ousados estão convencidos de que eles – e não os políticos espertalhões ou as ONGs envaidecidas – são os verdadeiros defensores dos fracos e desvalidos, fazendo com que os tão malignos mercados levem benefícios materiais aos que estão relegados às margens da sociedade. Alguns dos intelectuais locais do Vale até celebram os primeiros passos do "socialismo digital", que – para citar o pensador digital Kevin Kelly, na matéria de capa de 2009 da revista *Wired* – "pode ser visto como uma terceira via que torna irrelevantes os debates do passado".

Deixando de lado as polêmicas sobre o verdadeiro significado de "compartilhamento" em expressões como "economia compartilhada", é possível distinguir um argumento intrigante em toda essa retórica autocongratulatória. Magnânimo, o Vale do Silício quer muito ser o antídoto perfeito para a gananciosa Wall Street: se esta, cada vez mais, aumenta a desigualdade de renda, ele ajuda o superar o hiato na desigualdade do consumo.

Ou seja, talvez você ganhe cada vez menos que o seu vizinho rico, mas tanto um como o outro também pagam cada vez menos – e provavelmente nada – para ouvir música no Spotify, fazer pesquisas no Google ou assistir a vídeos engraçados no YouTube. Em breve, essa lógica se aplicará ao próprio acesso à internet: a principal iniciativa do Facebook para os países em desenvolvimento é oferecer aos usuários acesso praticamente gratuito a serviços básicos *on-line*, como o próprio Facebook ou a Wikipedia. Assim que educação, saúde e outros serviços forem deslocados para a nuvem, as empresas de tecnologia terão ainda mais importância nessas áreas. Não seria possível ao Google alertá-lo sobre o surgimento de algum sintoma, uma vez que você compartilha diariamente seus dados de saúde? Isso não implicaria oferecer cuidados médicos básicos àqueles que, de outro modo, não teriam condições de pagar por isso? E, na ausência de outras opções, quem objetaria ao fato de vidas serem salvas pelo Google?

O conto de fadas do "empoderamento do usuário", tão insistentemente disseminado pelo Vale do Silício, é repleto de promessas desse tipo. Tendo como pano de fundo o decrépito Estado de bem-estar social, incapaz de cumprir as promessas feitas à população, o Vale do Silício nos propõe uma nova rede social: ainda que sejamos forçados a vender nossos carros e deixar de pagar nossas hipotecas, jamais perderemos o acesso ao Spotify e ao Google. Ainda é possível morrer por falta de comida, mas não por falta de conteúdo.

Antes, porém, que acabassem os carros e as casas, o Vale do Silício também poderia nos ajudar a transformá-los em ativos rentáveis. Graças a *startups* como a JustPark – um aplicativo em voga que possibilita aos donos de imóveis alugar vagas de garagem pouco usadas a motoristas desesperados –, até as diferenças nos níveis de renda são superáveis, pelo menos um pouco. Os cidadãos comuns deveriam se alegrar: não só deixariam de pagar por serviços básicos, como teriam a oportunidade de complementar seus rendimentos regulares, hoje estagnados, por meio da monetização de um capital "imobilizado".

Essa pretensão de ser o grande equalizador do mundo é exatamente o que faz do Vale do Silício um setor antiaderente, impermeável à crítica de cunho social. Porém, as premissas do seu humanitarismo de risco não são tão rigorosas e inabaláveis quanto parecem. São vulneráveis a pelo menos três possíveis linhas de ataque.

Primeiro, provavelmente haverá mais condescendência social à medida que comecemos a ajustar o nosso comportamento, esperando que tudo o que fizermos afete todo o restante. Isso também significa que aqueles que com efeito podem pagar por todos esses serviços que nós recebemos de graça vão desfrutar de uma autonomia ainda maior no futuro: basta pensar naqueles que já não têm de se preocupar com os critérios para a obtenção de uma hipoteca ou de um empréstimo. Tais pessoas não precisam se preocupar com a classificação que recebem dos motoristas da Uber, ou com a possibilidade de, por não frequentarem a academia de ginástica, enfrentar problemas na hora de renovar o convênio.

Segundo, o conto de fadas do empoderamento, difundido pelo Vale do Silício, não passa disso: um conto de fadas. Ele oculta o fato de que a informação dita gratuita disponível no Google não é igualmente útil para um universitário desempregado ou para um fundo de *hedge* dissimulado com acesso a tecnologias avançadas que transformam dados em informações financeiras lucrativas. O mesmo vale para canais que dependem da nossa atenção, como o Twitter: eles não são igualmente úteis para uma pessoa comum, com cem seguidores, e uma empresa capitalista proeminente, seguida por um milhão de pessoas.

Portanto, parece óbvio que a equalização do acesso aos serviços de comunicação não elimina nem reduz, sozinha, outros tipos de desigualdade. Mas será que devemos nos preocupar com esses outros tipos se a equiparação do consumo é o que de verdade importa? Com certeza devemos nos preocupar. Afinal, o Vale do Silício pouco contribuiu para eliminar as disparidades existentes entre proprietários de imóveis residenciais, e não há nenhuma perspectiva de que algum dia venha a transformar o setor dos negócios imobiliários.

Em outros termos, para tornar outros tipos de desigualdade menos relevantes, as empresas de tecnologia deveriam também se tornar as provedoras preferenciais de moradia e de alimentação gratuitas: só então seria possível argumentar que falar no rendimento desmedido do seu vizinho que trabalha com investimentos é despropositado, uma vez que todas as suas necessidades básicas estão asseguradas.

Isso, contudo, levanta a terceira questão, mais preocupante: por que nos dar ao trabalho de ter um Estado, se o Vale do Silício pode magicamente prover sozinho os serviços básicos, desde a educação até a saúde? Ainda mais premente: por que continuar a pagar impostos e financiar serviços públicos inexistentes, que poderiam ser fornecidos – com base num modelo muito diverso – pelas empresas de tecnologia? Essa é uma questão a que nem o Estado nem o Vale do Silício estão prontos para responder. O que se nota é que o Estado moderno não se incomodaria se as empresas tecnológicas assumissem o protagonismo, contanto que permitissem que ele se concentrasse na tarefa que mais aprecia: o combate ao terrorismo.

Os cidadãos, que ainda não estão plenamente conscientes desses dilemas, poderiam talvez perceber que a escolha efetiva que se tem hoje não é entre o mercado e o Estado, e sim entre a política e a não política. É uma escolha entre um sistema desprovido de qualquer imaginação institucional e política – no qual uma combinação de *hackers*, empreendedores e investidores de risco é a resposta-padrão para todos os problemas sociais – e um sistema no qual as soluções explicitamente políticas, aquelas que podem questionar quem – cidadãos, empresas ou o Estado – deve controlar o quê, e sob quais regras, continuam a fazer parte da discussão. Seja qual for o nome do regime que o Vale do Silício vem ajudando a inaugurar, uma coisa é certa: não se trata de um "socialismo digital".

A REGRA DE VARIAN

O luxo já está aqui – só que não está muito bem distribuído. Esse, em qualquer instância, é o argumento provocador de Hal Varian, o economista-chefe do Google. "A regra de Varian", como foi recentemente batizado, defende que, para prever o futuro, basta observar o que os ricos têm hoje, assumir que a classe média alcançará o mesmo padrão daqui a cinco anos, e os mais pobres, daqui a dez anos. Aparelhos de rádio e de TV, lava-louças, celulares, TVs de tela plana: Varian identifica que esse princípio funciona na história de muitas tecnologias.

Então, o que os ricos têm hoje que os pobres terão daqui a uma década? Varian aposta nos assistentes pessoais. Em vez de empregadas domésticas e motoristas, teremos carros autônomos, robôs que cuidam das tarefas domésticas e aplicativos inteligentes e oniscientes, capazes de monitorar, informar e nos alertar em tempo real.

Segundo Varian, "esses assistentes virtuais serão tão úteis que todo mundo vai querer tê-los, e as histórias de terror que atualmente lemos sobre questões de privacidade vão parecer exóticas e antiquadas". Um desses assistentes, o Google Now, consegue monitorar nossos e-mails, nossas buscas e localização, e está sempre pronto para nos avisar de reuniões ou viagens programadas, tudo isso enquanto, em segundo plano, checa as condições climáticas e do trânsito em tempo real.

A justaposição, feita por Varian, de lava-louças e aplicativos talvez pareça razoável, mas na verdade é enganosa. Quando contratamos alguém como assistente pessoal, a transação é relativamente clara: pagamos à pessoa pelos serviços prestados – muitas vezes em dinheiro –, e pronto. É tentador dizer que a lógica, no caso dos assistentes virtuais, é a mesma: você entrega seus dados – tal como entregaria o seu dinheiro – ao Google e, em troca, recebe o serviço sem outros custos.

Porém, algo não se encaixa: poucos de nós esperam que o assistente pessoal saia por aí com cópias de todas as nossas cartas e arquivos a fim de ganhar algum dinheiro com eles. No outro caso, essa é a única razão para os assistentes virtuais existirem.

Na verdade, estamos sendo duplamente ludibriados: quando entregamos os nossos dados – que acabam no balanço dos ativos do Google – em troca de serviços relativamente triviais, e quando esses mesmos dados são utilizados para customizar e estruturar o nosso mundo de maneira pouco transparente e pouco desejável.

Essa segunda característica dos dados como unidade de troca ainda não é bem compreendida. Todavia, é justamente essa capacidade de moldar o futuro, mesmo depois de termos abdicado dele, que transforma os dados em instrumento de dominação. Enquanto o dinheiro em espécie, com o seu anonimato usual, não tem história nem muita conexão com a vida social, os dados nada mais são do que uma representação da vida social – mas cristalizada em quilobytes. O Google Now só funciona se a empresa por trás dele conseguir colocar enormes fragmentos da nossa existência – desde a comunicação, passando pelas viagens, até as leituras – sob seu guarda-chuva corporativo. Uma vez lá, tais atividades podem de repente adquirir uma nova dimensão econômica: elas podem ser afinal monetizadas.

Nada disso ocorre quando os ricos de hoje contratam um assistente pessoal. Nesse caso, o equilíbrio de poder é claro: o senhor domina o criado – e não o inverso, como se dá com o Google Now e os pobres. De certo modo, os pobres são os verdadeiros "assistentes virtuais" do Google, ao contribuir para a acumulação de dados que mais tarde serão monetizados pela empresa.

Varian jamais se faz a pergunta óbvia: por que os ricos precisam de assistentes pessoais? Talvez porque – o que parece mais provável – o que importa para eles seja menos os assistentes pessoais em si, mas o fato de estes lhe permitirem dispor de tempo livre? Entretanto, formular o argumento dessa maneira seria deixar patente que os pobres, talvez, não contem com tanto tempo livre quanto os ricos, mesmo tendo acesso a todos os dispositivos mais recentes do Google.

A dialética do empoderamento atua por vias misteriosas: não há dúvida de que os dispositivos inteligentes poupam tempo – a fim de que possamos dedicá-lo ao trabalho que nos permite pagar por seguros personalizados e mais caros, ou enviar mais e-mails relacionados ao trabalho, ou preencher outros formulários requeridos por algum sistema burocrático recém-computadorizado.

O Facebook, o concorrente mais próximo do Google, usa o mesmo truque no campo da conectividade. A sua iniciativa Internet.org – hoje presente na América Latina, no

Sudeste da Ásia e na África – foi ostensivamente lançada para promover a inclusão digital e o acesso à internet nos países em desenvolvimento. E de fato esse acesso é obtido, mas sob condições bastante específicas: o Facebook e outros poucos *sites* e aplicativos são gratuitos, porém, para todo o restante, o usuário tem de pagar, muitas vezes com base na quantidade de dados consumidos por aplicativos individuais. Em consequência, poucas pessoas – cabe lembrar aqui que se trata de populações muito pobres – têm a possibilidade de acessar o conteúdo externo ao do império do Facebook.

Aqui se nota de novo em ação a regra de Varian: à primeira vista, os pobres desfrutam daquilo que já está ao alcance dos ricos – no caso, o acesso à internet. Mas não custa muito identificar a distinção crucial. À diferença dos ricos, que pagam com dinheiro pelo acesso, este é adquirido pelos pobres com os seus dados – os dados que o Facebook um dia vai monetizar para justificar toda a operação do Internet.org. Afinal, não estamos lidando com caridade. O Facebook está interessado em "inclusão digital" do mesmo modo que os agiotas se interessam pela "inclusão financeira" – ou seja, em função do dinheiro.

Qualquer provedor de serviços – sejam estes no setor da educação, da saúde ou da imprensa – logo perceberia que, para alcançar milhões usando o Internet.org, seria mais fácil lançar e operar seus aplicativos dentro, e não fora, do Facebook. Em outros termos, os pobres podem eventualmente receber os mesmos serviços de que os ricos já desfrutam, mas somente se seus dados – sua vida social materializada – cobrirem os custos da operação.

O acesso gratuito à internet que o Facebook oferece aos países em desenvolvimento é, em essência, um derivativo financeiro gigantesco que paga a implantação da sua infraestrutura: o Facebook assegura a conectividade a esses países em troca do direito de monetizar a vida dos seus cidadãos assim que estes passarem a contar com recursos suficientes.

Aparentemente, a regra de Varian requer uma correção importante: para prever o futuro, basta observar o que as companhias de petróleo e os bancos vêm fazendo nos últimos dois séculos e extrapolar isso para o Vale do Silício, o nosso novo provedor-padrão de infraestrutura de todos os serviços básicos. Nesse futuro, infelizmente, os assistentes virtuais não serão suficientes – nós precisaremos mesmo é de psicanalistas virtuais.

CATIVEIRO DE PLATAFORMAS

Não se passa um dia sem que uma empresa de tecnologia anuncie que pretende se reinventar como plataforma. Quando a Coreia do Sul baniu a Uber em março de 2014, a empresa prometeu permitir aos taxistas locais que usassem a sua plataforma – assim como seus serviços correlatos.

Meses depois, foi a vez de o Facebook fazer um truque parecido: ao enfrentar problemas com seu esforço pseudo-humanitário de proporcionar livre acesso à internet por meio do projeto Internet.org, a empresa prontificou-se a transformá-lo em plataforma. Assim, os usuários do programa, quase todos de países em desenvolvimento, também poderiam ter livre acesso a outros aplicativos, além daqueles desenvolvidos pelo Facebook.

Alguns críticos importantes chegam a falar de "capitalismo de plataforma", uma transformação mais ampla no modo de produção, de compartilhamento e de difusão de bens e serviços. Em vez do modelo convencional desgastado, com empresas privadas competindo por consumidores, estamos testemunhando o surgimento de um novo modelo, aparentemente mais nivelado e participativo, no qual os consumidores interagem diretamente uns com os outros. Com um celular no bolso, de repente os indivíduos podem realizar coisas que antes só eram possíveis por intermédio de um conjunto de instituições.

Tal é a transformação que se nota em muitos setores da economia: conforme mencionado, as companhias de táxi costumavam transportar passageiros, mas a Uber apenas conecta os motoristas aos passageiros. Os hotéis ofereciam serviços de hospitalidade; o Airbnb apenas põe hóspedes e anfitriões em contato. E segue a lista: até mesmo a Amazon atua como intermediária entre vendedores e compradores de livros usados.

As diferenças em relação ao modelo anterior ao surgimento das plataformas são fáceis de serem identificadas. Primeiro, são empresas com um valor de mercado extraordinário, mas que apresentam um balancete estranhamente minguado: a Uber não precisa empregar nenhum motorista, tampouco o Airbnb precisa adquirir propriedades. Segundo, em vez de respeitarem uma legislação precisa e rigorosa, que explicite os direitos dos clientes e as obrigações dos provedores do serviço – um dos pilares do Estado regulador moderno –, os operadores de plataformas recorrem ao conhecimento amplamente distribuído dos participantes do serviço, contando que o próprio mercado penalize aqueles que se comportam mal.

Na utopia do livre mercado concebida por pensadores como Friedrich Hayek – o verdadeiro padroeiro da economia compartilhada –, a reputação de uma pessoa também reflete o que outros participantes do mercado conhecem sobre ela.

Assim, se você for um cliente problemático ou um motorista mal-educado, todo mundo tomará conhecimento disso, tornando desnecessárias leis específicas contra os comportamentos inadequados.

A boa notícia, segundo Hayek, é que, assim que mudam as nossas normas – aquilo que era tido como inapropriado há cinquenta anos pode ser perfeitamente aceitável hoje –, a nossa reputação passa a refletir essas mudanças imediatamente. As leis, por outro lado, só são alteradas depois de muito tempo.

Na realidade, porém, em nenhum lugar se vê um mercado de reputações tão fluido e dinâmico. Inclusive, a inexistência desse mercado foi realçada num processo judicial recente nos Estados Unidos. Motoristas da Uber foram acusados de discriminar portadores de deficiências físicas ao se recusarem a levar cadeiras de rodas no porta-malas dos carros. Imagina-se que as leis antidiscriminação, que se aplicam aos táxis, também valeriam para os carros da Uber. A empresa afirma que conta com políticas antidiscriminatórias e, também, que não é uma companhia de táxi, e sim uma empresa de tecnologia, uma plataforma. Nesse âmbito, claramente não há um mecanismo eficaz de resposta e apoio aos cadeirantes – e é para isso que servem as leis de proteção ao consumidor.

Enquanto a Uber recorre à condição de plataforma tecnológica como um escudo contra processos judiciais, o Facebook a usa como chamariz publicitário. A iniciativa da Internet.org foi apresentada como uma "plataforma aberta". Na realidade, como vimos anteriormente, ela não tem nada de aberta: somente o Facebook decide quais aplicativos são incorporados e quais os critérios a cumprir (os aplicativos não podem, por exemplo, permitir a transferência de vídeo ou de arquivos, nem fotos em alta resolução).

Numa cultura fascinada pela inovação – o que, sem dúvida, é o caso da nossa –, faz todo o sentido a adoção, por parte do Facebook, dessa retórica da plataforma. Embora os críticos do Internet.org tenham razão ao apontar os desvios do projeto em relação à neutralidade da rede, no longo prazo o Facebook gostaria de nos convencer de que isso não faz tanta diferença: uma plataforma, pelo menos em teoria, é um espaço em que, de modo não planejado e não previsível, ocorrem inovações – e o que mais poderíamos querer? Numa contenda entre justiça e inovação, a última sempre sai ganhando.

Porém, a oferta da Uber aos motoristas de Seul suscita algumas questões genuinamente interessantes. O que há na plataforma Uber que os táxis convencionais não podem obter? Três elementos podem ser considerados os mais importantes: uma infraestrutura de pagamento que facilita as transações; uma infraestrutura de identidade que deixa de fora os passageiros indesejáveis; e uma infraestrutura de sensores, incorporada aos celulares, que rastreia em tempo real tanto a localização do passageiro como a do veículo. Esses três elementos pouco têm a ver com transporte; eles constituem o tipo de atividade periférica que as companhias de táxi tradicionais sempre ignoraram.

Com a transição para uma economia baseada em conhecimento, porém, essas atividades deixaram de ser periféricas: elas estão no cerne do fornecimento de serviços. Hoje, qualquer provedor de serviços, e até mesmo os provedores de conteúdo, correm o risco de se tornarem reféns do operador da plataforma, que, ao agregar todas essas atividades periféricas e facilitar a experiência do usuário, passa da periferia para o centro.

Há um bom motivo pelo qual várias plataformas estão sediadas no Vale do Silício: atualmente, os principais elementos periféricos são os dados, os algoritmos e a capacidade dos servidores. E isso explica por que tantas editoras renomadas se dispuseram a fechar acordos com o Facebook a fim de publicar suas histórias num novo recurso denominado Artigos instantâneos. A maioria delas não conta com o conhecimento e a infraestrutura ágeis, competentes e eficazes como a do Facebook para fazer chegar os artigos apropriados às pessoas certas no momento adequado – e isso com mais rapidez do que qualquer outra plataforma.

Poucos setores vão permanecer intocados pela febre das plataformas digitais. A verdade não dita, contudo, é que quase todas as plataformas atuais mais conhecidas são monopólios, impulsionados pelos efeitos em rede gerados pela operação de um serviço que se torna mais valioso à medida que aumenta o número de usuários. Este é o motivo pelo qual conseguem acumular tanto poder: a Amazon está em permanente queda de braço com as editoras – e não há outra Amazon a que as editoras possam recorrer.

Os investidores de risco, como Peter Thiel, querem nos convencer de que essa condição monopolista é uma característica inerente, e não uma falha: se essas empresas não fossem monopolistas, jamais teriam tantos recursos para aplicar em inovações.

Isso, no entanto, ainda não toca na questão de quanto poder devemos delegar a essas empresas. Um setor editorial dominado pela Amazon e pelo Facebook talvez produza muita inovação – mas existe alguma garantia de que vá, de fato, resultar em artigos ou em livros relevantes?

Uma maneira certeira de manter as plataformas sob controle é impedir que se apropriem de todos os elementos periféricos adjacentes. Assegurar que possamos transferir a nossa reputação – assim como o histórico da nossa navegação na internet e um mapa das nossas conexões sociais – de uma plataforma a outra seria um bom começo. Igualmente importante, e muito necessário, é considerar outros aspectos, mais técnicos, do cenário emergente das plataformas – desde os serviços de comprovação de identidade, passando por novos sistemas de pagamento, até sensores de geolocalização – como infraestrutura de fato (isso assegura que todos tenham acesso a ela nos mesmos termos, sem nenhuma discriminação).

As plataformas em geral são parasitárias e dependem de relações sociais e econômicas já existentes. Elas não produzem nada por si mesmas – apenas rearranjam elementos e fragmentos desenvolvidos por outros. Considerando os imensos lucros – quase todos não tributados – acumulados por essas corporações, o mundo do "capitalismo das plataformas", a despeito de toda a retórica inebriante, não se distingue muito do seu antecessor. A única coisa diferente é o nome de quem embolsa o dinheiro.

COMO DESUBERIZAR NOSSAS CIDADES

Enquanto as agências reguladoras desde a Índia até a França continuam tentando enquadrar a Uber, a empresa iniciou uma campanha simpática. De uma hora para outra, seus executivos, antes agressivos e insensíveis, passaram a exaltar a importância de regulamentar o setor. Também parecem ter se dado conta do que é que vem fazendo da empresa um alvo tão fácil: ela é desumana demais. Assim, em 2015, durante uma tempestade de inverno nos Estados Unidos, a Uber aceitou interromper a prática controversa de precificação dinâmica, em função da qual os passageiros veem os preços saltar quando aumenta a demanda.

Mas isso não foi tudo. Numa iniciativa publicitária genial, a Uber também ofereceu à cidade de Boston – antes uma oponente feroz do aplicativo – o acesso a montanhas de dados anônimos sobre suas viagens, tudo na expectativa de aliviar os congestionamentos de tráfego e melhorar o planejamento urbano. E – mera coincidência, claro – o estado de Massachussetts, onde se situa Boston, havia recentemente reconhecido as plataformas de compartilhamento de táxi como formas legais de transporte, eliminando um dos principais obstáculos à atuação da Uber.

Nesse sentido, a Uber está seguindo os passos de *startups* menores, que disponibilizam seus dados para as prefeituras e para os urbanistas que vislumbram a possibilidade de conferir uma base mais empírica, participativa e inovadora ao planejamento urbano. Assim, em 2014, Strava, um aplicativo popular de mensuração de corridas a pé e percursos de bicicleta, firmou um acordo com a Secretaria de Transportes do estado americano do Oregon, que desembolsou uma taxa de licenciamento pesada para acessar os dados sobre os trajetos percorridos pelos ciclistas usuários do aplicativo. A ideia era usar os dados do Strava para melhorar as ciclovias e criar rotas alternativas.

O aparecimento da Uber como um repositório útil de dados, que nenhum planejador urbano pode dispensar, é algo alinhado à ideologia mais ampla do "solucionismo" adotada pelo Vale do Silício. As empresas de tecnologia, depois de se apossarem de um dos mais preciosos recursos contemporâneos – os dados –, agora têm influência sobre os governos sem dinheiro e sem imaginação e podem, assim, se vender como salvadoras inevitáveis e benevolentes aos burocratas inertes das administrações municipais.

As cidades que acolhem a Uber, porém, correm o risco de ficarem dependentes demais dos seus fluxos de dados. E por que aceitar o papel da Uber como um intermediário de dados? Em vez de permitir que a empresa acumule os mais variados pormenores a respeito de quem está se deslocando para onde e em que momento, as cidades deveriam encontrar uma maneira de coletar elas mesmas esses dados. Só então as empresas como a Uber poderiam obter autorização para funcionar e montar um serviço com base em tais informações.

No momento, a Uber se mostra tão eficiente porque controla todos os pontos-chave de coleta de dados: nossos celulares informam tudo o que ela precisa saber para o planejamento da viagem. No entanto, se o controle desses dados passasse para as cidades, a Uber – que conta com poucos ativos – dificilmente continuaria a ser uma empresa avaliada em 72 bilhões de dólares, tal como é em 2018. Com certeza, não é possível um algoritmo que combina oferta e demanda ser tão valioso. Cidades como Nova York e Chicago, sem dúvida pressionadas pelas empresas de táxis, parecem ter se dado conta da importância de articular uma reação unificada e tecnologicamente avançada às investidas da Uber. Ambas estão empenhadas em lançar um único aplicativo, centralizado e abrangente, para os táxis, que poderiam ser distribuídos com a mesma eficiência do aplicativo da Uber.

Além de desafiar a supremacia da Uber, esse aplicativo teria também de impedir que os dados sobre os deslocamentos se tornassem uma mercadoria dispendiosa – algo pelo qual as cidades sejam obrigadas a pagar.

O verdadeiro desafio, contudo, é fazer com que tais aplicativos urbanos incluam outras modalidades de transporte. A visão solucionista da Uber é evidente: basta acionar o aplicativo no celular e um carro o conduz até onde você quiser. Chamar isso de pouco imaginativo seria um eufemismo; trata-se, na verdade, de uma abordagem que funciona nos Estados Unidos, onde os trajetos a pé raramente são viáveis e o transporte público é quase inexistente.

Por que isso deveria ser um modelo para o resto do mundo? Só porque as caminhadas a pé são pouco lucrativas, na perspectiva da Uber, não significa que seja um tipo de deslocamento a ser desconsiderado. A crítica recorrente ao solucionismo – que define os problemas sociais de forma muito estrita e quase sempre dentro dos eixos mais rentáveis para os defensores da "solução" – aplica-se aqui com perfeição.

Entretanto, imagine que o aplicativo municipal em seu celular possa informá-lo de todas as opções existentes, que não sejam a Uber, à disposição: você pode completar parte do trajeto planejado com uma bicicleta guardada num local próximo, depois tomar um micro-ônibus que percorre trajetos ajustáveis de acordo com os destinos variáveis dos passageiros e, por fim, andar durante o restante do percurso, pois naquele bairro uma feira livre, por acaso, acontece naquele horário.

Esse cenário já pode ser entrevisto em alguns projetos iniciais apoiados por cidades visionárias. Em Helsinque, por exemplo, a parceria entre a prefeitura e a *startup* Ajelo resultou no Kutsuplus, uma mistura interessante entre um equivalente da Uber e o sistema convencional de transporte público. Usando o celular, o passageiro solicita um serviço de transporte, e o Kutsuplus calcula a melhor maneira de levar todas as pessoas aonde precisam chegar, com base em dados de tempo real. Ele também indica quanto tempo levaria para completar o trajeto, seja com o Kutsuplus, seja com outros meios de transporte.

O êxito de projetos como o Kutsuplus depende de vários fatores. Primeiro, as cidades não deveriam considerar a repercussão da Uber como a única resposta à necessidade de obter um transporte público eficiente, e ainda menos de aliviar os congestionamentos (com certeza, os dados da Uber nunca indicariam que precisamos de menos táxis e de mais espaço para ciclistas e pedestres). Segundo, o resultado de muitas batalhas cruciais em torno do futuro dos serviços públicos depende de quem controla os dados necessários e os sensores que os produzem. Deixar isso nas mãos da Uber – ou, pior ainda, das empresas de tecnologia gigantes que já se preparam para arrebatar um pedaço da lucrativa torta da "cidade inteligente" – significa inviabilizar o tipo de experimento flexível que permitiria às comunidades reorganizar seus sistemas de transporte da forma que lhes pareça mais conveniente.

A parceria de troca de dados entre a Uber e a cidade de Boston também suscita uma questão política: para começar, a Uber deveria ter permissão de ser a "dona" dos dados relativos aos seus clientes, tanto para usá-los como elemento de troca em negociações com as autoridades municipais como para vender tais informações a quem pagar mais? Sem discutir isso com ninguém, a Uber já respondeu afirmativamente a essa indagação – como antes fizeram o Google e o Facebook.

A realidade, contudo, é mais complicada, sobretudo quando os sensores incorporados à infraestrutura pública podem, mais ou menos, reproduzir os dados facilmente. Basta pensar no que uma rede de equipamentos automatizados de leitura de placas de veículos, associada a semáforos e ruas inteligentes, poderia fazer: seria possível detectar e seguir os carros da Uber de maneira similar àquela feita pelos celulares dos motoristas e passageiros. Não se trata aqui de propor mais vigilância, mas apenas de sugerir que a Uber talvez esteja assumindo a propriedade de dados que não lhe pertencem.

O fato de a Uber ter surgido na Califórnia – uma região notoriamente mal servida por transportes públicos – não é motivo para que acreditemos que o futuro do transporte vá girar em torno dos automóveis. Isso, no entanto, pode ser uma consequência infeliz, à medida que se reduzem os investimentos em infraestrutura pública.

Mas a resposta apropriada a esse problema deveria ser a recuperação desses fundos e a luta contra a ideologia de austeridade que impulsiona os cortes nas despesas públicas. As prefeituras não deveriam depender da Uber para obter mais resultados com menos recursos, escondendo-se atrás da retórica inflamada da inovação e da participação.

COMO AS FINANÇAS DOMINARAM O COTIDIANO

As três obsessões dos americanos – tecnologia, condicionamento físico e finanças – finalmente convergiram no FitCoin, um novo aplicativo que permite ao usuário monetizar suas idas à academia de ginástica. O mecanismo é simples: integrando-se aos rastreadores de movimento e *wearables* [dispositivos de vestir] mais comuns, o aplicativo converte nossas pulsações cardíacas em uma moeda digital. Os criadores da FitCoin esperam que, assim como sua irmã mais velha, a BitCoin, essa moeda possa ser utilizada para a compra de produtos exclusivos de parceiros como a Adidas, assim como para reduzir o custo do plano de saúde.

É possível que a FitCoin não resulte em nada, no entanto o princípio subjacente a ela aponta uma transformação mais ampla da vida social sob condições de conectividade permanente e mercantilização imediata: o que antes se fazia por prazer, ou só para cumprir as normas sociais, passa a ser firmemente guiado pela lógica do mercado. As outras lógicas não desaparecem, mas se tornam secundárias em relação ao incentivo monetário.

A capacidade de mensurar todas as nossas atividades remotamente tem descortinado novos caminhos para a especulação, já que qualquer um – de grandes empresas, a seguradoras e até governos – pode criar engenhosos esquemas compensatórios para estimular o comportamento de consumidores que estão atrás de dinheiro rápido. Em consequência, até mesmo as atividades diárias mais corriqueiras podem ser atreladas aos mercados financeiros globais. No final, acabaremos todos negociando com derivativos que associam o direito de receber determinados serviços médicos em função do nosso comportamento físico. É assim que o condicionamento físico e a saúde corporal vão aos poucos se subordinando ao domínio do dinheiro e das finanças.

Mudanças parecidas acontecem em outros setores, muitos deles impulsionados pela capacidade de coletar informações e trabalhar com elas em tempo real. Um desses setores é o do estacionamento de veículos: uma série de aplicativos, como o Haystack e o MonkeyParking, permitiam que, usando apenas os celulares, os motoristas leiloassem vagas públicas de estacionamento para outros motoristas em busca de um lugar para guardar o carro. O Haystack ainda contava com um recurso, Make Me Move, pelo qual os afortunados que encontrassem uma vaga poderiam vendê-la pelo maior lance. Evidentemente, as vagas de estacionamento continuam sendo públicas; o que muda de posse é a informação sobre elas estarem ocupadas ou não. Mas a condição formal, de bem público, significa muito pouco, pois o mercado ilegal da informação o converte em um bem privado dissimuladamente.

Em relação aos restaurantes, há uma enxurrada de aplicativos desse tipo. Em vez de tentar reservar uma mesa num restaurante da moda, por que não fazer isso por meio de lances em um leilão *on-line*? Neste caso, a lógica do mercado também substitui o princípio da equidade e o da fila. Por meio de aplicativos como o Shout é possível reservar mesas sob um nome falso com o único objetivo de revendê-las a outros usuários. E isso não é válido apenas para restaurantes: você também pode vender seu lugar na fila para adquirir o modelo mais recente do iPhone.

É claro que, como o sistema anterior não era perfeito – os VIPs raramente enfrentavam dificuldades para obter reservas –, há um tanto de verdade no argumento de cunho emancipador e democratizante exposto pelos criadores dos aplicativos. Eles nos liberam daquelas hierarquias que se baseiam, em parte, em formas não monetárias de poder (fama, conexões, reputação) e nos aproximam daquelas baseadas apenas no dinheiro. No passado, era preciso ser rico e famoso para conseguir uma mesa num restaurante elegante; hoje basta ser rico. Porém, o sistema antigo tinha ao menos uma vantagem: às vezes ele permitia que os desprovidos de riqueza e de fama fizessem uma reserva – daí sua reivindicação de ser justo e democrático. Já o novo sistema não admite tais exceções, somente as leis da oferta e da procura.

As mudanças que vêm ocorrendo em todos esses locais cotidianos – a academia de ginástica, o estacionamento, o restaurante – revelam que, assim que se acrescenta a eles uma camada de informação, perdem-se outras camadas, sobretudo aquelas de caráter não utilitário, de desfrute puramente estético, de solidariedade e de justiça. É possível que os piores excessos do capitalismo fossem toleráveis, pelo menos num nível psíquico, exatamente porque, às vezes, podíamos nos refugiar em algumas zonas isoladas que não se sujeitavam à lei da oferta e da procura. Imunes aos ritmos da globalização, essas zonas nos reasseguravam a viabilidade de uma autonomia pessoal fora da bolha do mercado.

Desse modo, sempre podíamos buscar consolo na arte, no esporte, na comida, no urbanismo: esses domínios, dizíamos a nós mesmos, ou eram movidos por considerações estéticas e artesanais, ou pressupunham uma cooperação e uma solidariedade suficientes para compensar a brutalidade ocasional das relações de mercado de que não se podia esquivar. Afinal de contas, havia algo edificante e reconfortante no fato de que um operador de fundo *hedge* gastava o mesmo tempo que um zelador de prédio à procura de uma vaga de estacionamento. Dez anos atrás, essa suposta igualdade entre ambos era um dado aparentemente inalterável da realidade; hoje, não passa de uma imperfeição tecnológica facilmente corrigível com um celular.

Nossa vida era tolerável por causa dessas imperfeições, que até contribuíram para a prosperidade de muitas de nossas instituições. Os jornais, abençoados por não saberem quão impopulares eram alguns de seus artigos, podiam correr o risco de publicar histórias enfadonhas, mas publicamente relevantes, na primeira página. Agora, quando cada clique é contabilizado e previsto de antemão, não há como se arriscar: até mesmo as decisões editoriais são tomadas com um olho na lógica do mercado.

Da mesma forma, os amantes de livros não tinham como conferir se a livraria em que estavam oferecia o melhor preço de uma obra que queriam. Muitas vezes preferiam correr o risco, pagando mais e apoiando a livraria. No presente, com seus celulares sempre ligados, correr esse risco quase não vale a pena: as ferramentas de comparação de preços da Amazon estão sempre ali para ajudar. Sem dúvida, isso é vantajoso para os consumidores, contudo uma cultura de livros forte e vibrante, que pressupõe a existência de livrarias, é prejudicada.

Numa época em que valores como solidariedade, justiça e diversidade estão sob ataque constante, a capacidade de incorporar mais informações aos momentos de decisão apenas apressa o fim desses valores. Na verdade, a ignorância pode de fato ser uma bênção, sobretudo se o que nos aguarda no lado do conhecimento é o imperativo de sermos mais eficientes, competitivos e lucrativos. Na ausência de outros projetos radicais que contestem o *status quo*, a ignorância – ou antes, a recusa em saber, conscientemente – pode ser um antídoto poderoso aos esforços de reduzir tudo a um preço conhecido, cuja própria existência já molda cidadãos em consumidores.

As histórias contadas pelos empresários americanos de alta tecnologia soam tão sedutoras porque sempre apresentam o conhecimento como algo apolítico e desvinculado dos atuais embates entre cidadãos e governos, ou entre cidadãos e empresas. No mundo sonhado pelo Vale do Silício, os cidadãos comuns dispõem de tanto poder quanto as seguradoras: desse modo, argumenta-se, não há como duvidar de que as informações sobre as nossas atividades serão igualmente empoderadoras para ambos, não é mesmo?

Com base nessa perspectiva, os esforços para conectar tudo e todos numa internet das coisas ("Próxima fronteira da internet das coisas: os bebês", diz uma manchete recente do *site* de negócios CNBC) só podem resultar numa restrição crescente dos espaços de imperfeição que até agora nos permitiam retardar o triunfo da lógica de mercado em todos os outros domínios da vida social. E, se a conectividade permanente é essencial para que essa lógica exerça controle sobre nossa vida, então a única autonomia pela qual vale a pena lutar

– tanto no caso dos indivíduos como no das instituições – seria aquela que prospera em condições de opacidade, ignorância e desconexão. O direito de se conectar é tão importante como o direito de se desconectar.

COMO A SUA PRIVACIDADE SE TORNOU UM ESTORVO PARA O LIVRE-COMÉRCIO

A verdadeira natureza da aliança oculta entre o neoliberalismo e o Vale do Silício se revela por inteiro nas discussões correntes a respeito do TTIP, o polêmico acordo de liberalização do comércio entre os Estados Unidos e a Europa, assim como dos seus dois irmãos, o TISA e o TPP.

Um aspecto pouco notado da arquitetura jurídica que emerge desses tratados é que, salvo uma improvável rebelião dos cidadãos, a Europa terminará sacrificando o seu compromisso sólido e muito estimado com a proteção de dados. Essa postura protecionista – que visa sobretudo ao resguardo dos cidadãos contra uma intrusão corporativa e estatal excessiva – está cada vez mais em desacordo com a mentalidade de "apropriação generalizada" que marca o capitalismo contemporâneo.

Um ensaio escrito por Carl Bildt, o eterno falcão da política sueca e agora também presidente do Instituto de Pesquisa Global Commission on Internet Governance [Comissão Global sobre Governança da Internet], captura com bastante perspicácia essa mentalidade neoliberal. De acordo com Bildt, "as barreiras contra a livre circulação de dados são, na verdade, barreiras contra o comércio". Pelo mesmo raciocínio, construir uma cerca ao redor de sua casa também é uma ofensa contra o capitalismo. Quem sabe que tipos de negócio publicitário podem ser feitos com base nos seus dados?

Obviamente, se o único critério para avaliar a nossa política tecnológica está no quanto ela promove os avanços dos interesses corporativos, então há muito a se reprovar na proteção de dados e, na prática, em todas as leis de privacidade. E em breve poderemos ter de nos deter apenas neste critério: o aspecto mais terrível dos três acordos comerciais em negociação é especificamente o fato de descreverem um mundo só de empresas, desprovido de quaisquer outros agentes políticos. Desse modo, uma infinidade de artigos de opinião e relatórios de institutos de pesquisa – muitos patrocinados por empresas do setor – empenha-se em validar esses enquadramentos, alegando que os tratados não avançam o suficiente para levar em conta todos os outros fatores que afetam o comércio e o crescimento econômico – de novo, como se não houvesse nenhum mundo para além da bolha corporativa.

Exemplo disso é o relatório *Uncovering the Hidden Value of Digital Trade: Towards a 21st Century Agenda of Transatlantic Prosperity* [Revelando o valor oculto do comércio digital: rumo a um programa de prosperidade transatlântica no século XXI], recentemente publicado por dois institutos de pesquisa renomados – o PPI [*Progressive Policy Institute*, Instituto de Políticas Progressistas], sediado em Washington, e o Lisbon Council [Conselho de Lisboa], em Bruxelas. O relatório nem sequer menciona se considera a vontade dos cidadãos ruim ou inatingível; ele foi escrito simplesmente como se eles não existissem.

A origem desses institutos é reveladora. Criado no início da década de 1990, com o intuito de introduzir ideias neoliberais na presidência de Bill Clinton, o PPI destacou-se como um dos principais defensores de uma postura mais agressiva na política externa americana e como um promotor do domínio econômico global dos Estados Unidos. Já o Conselho de Lisboa tem uma história mais intrigante. Antes de tudo, há a questão do seu financiamento: entre seus doadores recentes estão empresas como Google, HP, IBM e Oracle.

Depois, há a sua verdadeira influência política: uma de suas fundadoras, Ann Mettler, até o ano passado diretora executiva do grupo, foi alçada à presidência do *European Policy Strategy Centre* [Centro Europeu de Estratégia Política], um instituto dedicado às políticas internas próprias da Comissão Europeia.

Vale a pena ler o relatório firmado por essas duas entidades, mesmo que somente pela ousadia de seus pressupostos. Os autores argumentam que a Europa se encontra atrás dos Estados Unidos num quesito que definem como "densidade digital" – o nível no qual os países consomem, processam e compartilham dados. Porém, ainda segundo eles, se apenas seis das principais economias da Europa aumentassem a "densidade digital" a ponto de se igualarem aos Estados Unidos, o setor econômico desses países produziria 460 bilhões de euros a mais por ano. Sim, é verdade: a privacidade – um dos principais obstáculos à alta "densidade digital" – também é uma das barreiras para a recuperação econômica. Todos deveríamos baixar a guarda para que o Google e a IBM pudessem prosperar mais rapidamente.

Não surpreende que o relatório proponha à Europa repensar o compromisso de reformar as leis de proteção dos dados – mesmo se forem revisadas, defendem os autores, elas vão continuar sendo restritivas demais. Ou pior: como há políticos europeus que se recusaram a incluir o comércio de dados no TTIP, os autores sugerem uma espécie de compromisso.

Eles defendem o estabelecimento de uma "Convenção de Genebra sobre o *status* dos dados", que pode existir fora do acordo e que ainda tranquilizaria os europeus no que diz respeito aos acordos comerciais firmados com os Estados Unidos, que não afrouxariam as leis de proteção de dados. À luz das descaradas transgressões da verdadeira Convenção de Genebra pelo governo Bush, isso provavelmente não será muito tranquilizador para a maioria dos europeus. Não vai demorar muito para que os advogados americanos encontrem, no campo da privacidade, o equivalente ao afogamento simulado – uma forma de tortura que leva o torturado a acreditar que sua morte é iminente: evocando algum cenário extremo, eles se justificariam e admitiriam abusos mais horrendos.

Os governos, contudo, não perderão muito com essa nova configuração, pois vão achar uma maneira de manipular os novos tratados em benefício próprio. Os Estados Unidos, mais uma vez, saem à frente, exigindo exceções significativas em questões de segurança nacional.

Recentemente, um adendo importante ao TiSA tornou-se conhecido graças a um vazamento do WikiLeaks (apesar de toda a excitação com o acesso aos dados, os rascunhos dos tratados ainda permanecem longe do público). O adendo contém uma seção proposta pelos Estados Unidos referente à segurança nacional e sugere o que pode vir por aí. De acordo com essa seção, independentemente do que consta em outros artigos do tratado, nada deve impedir que um governo "tome qualquer medida que considere necessária para a proteção dos próprios interesses fundamentais de segurança". Esse é, aproximadamente, o nível de generalidade em que esses tratados são escritos: não há nenhuma definição de "fundamental", muito menos de "segurança" ou de "interesse".

O futuro defendido por esses institutos de pesquisa financiados por empresas, e que de fato determinam a agenda política global, é extremamente sombrio, não importa o que façam para dourar a pílula. Em essência, os cidadãos não só perdem o direito à privacidade, como as próprias tentativas de esconder algo serão tidas como ofensa ao livre-comércio ou como iniciativa de solapar a segurança nacional. E, mesmo que os cidadãos usem seus votos para eleger governantes que prometem reverter essa tendência abominável, o mais provável é que, uma vez no poder, o próprio governo seja impedido de fazer isso, em função de todos os instrumentos legais incluídos nos tratados. Não há dúvida de que a prosperidade transatlântica chegou ao século XXI.

A ECONOMIA COMPARTILHADA: SEMPRE CORRENDO ATRÁS DE UM DINHEIRINHO

Em setembro de 2014, a Verizon, uma das maiores operadoras de telefonia móvel dos Estados Unidos, inaugurou discretamente um novo serviço, o Auto Share. Programado para ser lançado até o final daquele ano, o Auto Share simplificava ao máximo os procedimentos de reserva e de desbloqueio de um carro alugado, tudo por meio de um celular: bastava escanear e validar um código QR no para-brisas do veículo.

As possíveis implicações são, na verdade, de longo alcance: qualquer *startup* ambiciosa pode contar com a infraestrutura da Verizon, que oferece conectividade onipresente e rastreamento geográfico para conciliar oferta e procura, enquanto a própria Verizon fornece serviços de verificação e bloqueio lucrativos. A empresa espera ampliar esse modelo para muitos outros campos além da locação de veículos, possibilitando a troca de quaisquer itens dotados de fechadura eletrônica: furadeiras elétricas, *notebooks* e apartamentos. Longe de ser uma das empresas pioneiras do Vale do Silício, a Verizon junta-se a muitos outros defensores da "economia compartilhada" ao insistir que "as pessoas estão adotando uma sociedade de compartilhamento, uma sociedade que lhes permite obter o que quiserem a qualquer momento". Sem carregar nunca mais o fardo da propriedade!

Apesar de toda a conversa interminável sobre disrupção e desintermediação, serviços como o Auto Share mostram que a digitalização é impulsionada por um novo conjunto de intermediários poderosos, os quais dificilmente poderão ser eliminados. Um exemplo é o Facebook: fornecedor de muitos dos serviços da economia compartilhada por meio de um tipo de infraestrutura de identificação confiável que nos permite verificar se somos quem afirmamos ser, por exemplo, ao reservarmos um apartamento por intermédio do Airbnb. O Facebook oferece um serviço gratuito ao Airbnb chamado "identificação sob demanda", e a Verizon quer controlar outro serviço desse tipo: trata-se do "acesso sob demanda".

Com seus sensores inteligentes sempre conectados e ligados, o celular articula todas essas camadas. Uma empresa como a Uber, por exemplo, seria impensável sem a existência do *smartphone* e da captação de dados em tempo real, que permite determinar a localização do carro no mapa virtual. A apresentação de aplicativos inteligentes como o Auto Share sugere que, em vez de acrescentar sensores a todos os aparelhos, como propõem os defensores da Internet das Coisas, é mais fácil atribuir-

-lhes um código QR e permitir que um dispositivo centralizado – o celular – efetue a captação dos dados. Ainda não está claro qual das duas concepções – a Internet das Coisas Inteligentes ou a Internet das Coisas Burras Conectadas por Celulares – vai se impor. Dada a recente incursão da Apple no campo do pagamento por meio de celulares, parece sensato apostar na segunda solução.

O próprio nome Auto Share tem um duplo sentido intrigante: refere-se não só à facilidade de "compartilhar" automóveis, como também ao fato de que esse compartilhamento é essencialmente automatizado. Hoje, nossos bens prediletos podem voltar a circular no mercado sem grande esforço de nossa parte. Não precisamos mais visitar o famoso bazar: o mercado vem ao nosso encontro no conforto do nosso lar, com ofertas irrecusáveis. A rápida ascensão da economia compartilhada pode então ser explicada pela recém-descoberta capacidade tecnológica do capitalismo, que permite converter toda mercadoria adquirida e retirada do mercado – quando ela se torna temporariamente "capital morto" – em um objeto rentável que, na verdade, jamais sai do mercado.

Na pior das hipóteses, a economia compartilhada nos faz correr sempre atrás do dinheiro, consolidando nossa conexão com o mercado global. Esse imperativo de compartilhamento determina que tudo o que possuímos, desde ativos tangíveis até pensamentos intangíveis, seja categorizado e receba algum tipo de identificador único, como o código QR. Quando alguém, em algum lugar – pode ser nosso vizinho ou uma empresa de publicidade do outro lado do oceano –, se mostra interessado em "emprestar" um item que corresponde à descrição do que possuímos, nosso celular nos avisa da oferta, colocando-nos contra todos os outros "microempresários" que possuem propriedade parecida. Uma vez aceita a transação, o resto seria uma questão de logística: um drone ou um carro autônomo viria buscar o item – o transporte de emoções e de pensamentos é ainda mais fácil –, e o pagamento também chegaria com segurança ao nosso celular.

Para alguns, essa é uma proposta muito atraente: não só ajuda a lidar com o consumo excessivo – todos podemos viver com menos se encontrarmos uma maneira de usar melhor os recursos existentes! –, como também confere aos beneficiários da "economia compartilhada" uma sensação inebriante de juventude permanente. Afinal, poderíamos romper, de uma vez por todas, com as armadilhas usuais da existência tediosa de classe média: não há por que se prender a um lugar, ter uma casa, comprar um carro, atulhar o porão com eletrodomésticos desconjuntados. Está tudo lá, na nuvem, pronto para ser alugado e entregue por drones.

O fato de tantos acharem isso atraente não é nenhuma surpresa: os entusiastas da economia compartilhada têm uma habilidade incrível de contar histórias. O talento deles para dourar a pílula rivaliza com o de Steve Jobs. Por exemplo, o principal ideólogo do compartilhamento do Airbnb é Douglas Atkin, também autor do livro *The Culting of Brands* [O culto das marcas], um *best-seller* de 2004 que costuma ser usado no treinamento de executivos, ensinando-os a fortalecer suas marcas com base em elementos de cultos religiosos. O *lobby* do compartilhamento possui um grupo próprio de defesa. A Peers.org apresenta-se como uma entidade de base – ainda que tenha sido lançada com a bênção corporativa do Airbnb, do Lyft (um *site* que ajuda os usuários a encontrar carona para viagens) e do TaskRabbit (que encontra pessoas dispostas a realizar tarefas e entregas). A ruptura do Vale do Silício nunca alcança os lobistas.

Mas o maior problema desses contos de fadas otimistas e utópicos é que eles racionalizam as patologias do atual sistema político e econômico, apresentando-as como opções conscientes de estilo de vida. É bom poder escolher entre alugar e possuir, entretanto essa é uma opção inviável para muita gente que não dispõe de alternativas além de pagar aluguel. Dados o enorme desemprego entre os jovens, a estagnação dos salários e o aumento exorbitante dos preços dos imóveis, a atual economia compartilhada funciona como uma espécie de varinha mágica. Aqueles que já são proprietários conseguem sobreviver monetizando o próprio desconforto: por exemplo, podem ganhar um pouco com o aluguel de suas casas, enquanto moram com parentes. Aqueles que nada possuem, por outro lado, também desfrutam, de vez em quando, de um vislumbre da boa vida – inteiramente dependente de bens que não possuem.

Os supostos benefícios ambientais da economia compartilhada são igualmente risíveis: enquanto somos solicitados a compartilhar o nosso carro com os vizinhos – é mais barato e mais ecológico! –, os ricos continuam desfrutando dos seus iates, limusines e jatos particulares, ao passo que os verdadeiros poluidores – as companhias petrolíferas e outros gigantes industriais – escapam com afrontas ainda piores.

Não há como negar que a economia compartilhada pode – e provavelmente consegue – tornar mais suportáveis as consequências da atual crise financeira. No entanto, ao lidar com as consequências, em nada não contribui para eliminar as causas. É verdade que, graças aos avanços na tecnologia da informação, alguns de nós podem finalmente sobreviver com menos – sobretudo ao recorrer a uma distribuição mais eficiente dos recursos existentes. Mas não há nada a celebrar: é como distribuir tampões de ouvido para que todos lidem com o ruído intolerável da rua em vez de fazer algo para acabar com o barulho.

Sensores, celulares e aplicativos: são esses os tampões de ouvido da nossa geração. O fato de não percebermos mais como eles eliminam tudo o que cheira a política em nossas vidas é, por si só, revelador: a surdez – à injustiça e à desigualdade, mas acima de tudo ao nosso próprio e lamentável estado das coisas – é o preço que pagamos por essa dose de conforto imediato.

A ASCENSÃO DOS DADOS E A MORTE DA POLÍTICA [4]

No dia 24 de agosto de 1965, Gloria Placente, 34 anos, moradora do Queens, em Nova York, seguia de carro para Orchard Beach, no Bronx. Usando shorts e óculos de sol, a dona de casa esperava passar um momento tranquilo na praia. Porém, assim que cruzou a ponte da Willis Avenue em seu Chevrolet Corvair, Placente viu-se cercada por uma dúzia de policiais. Havia ali também 125 repórteres, prontos para testemunhar o lançamento da Operação Corral [acrônimo de *Computer Oriented Retrieval of Auto Larcenists*, Identificação de Ladrões de Automóveis por meio de Computador], promovida pelo Departamento de Polícia de Nova York.

Quinze meses antes, Placente havia passado por um farol vermelho e deixara de responder à intimação judicial, uma transgressão que a Operação Corral pretendia punir com uma forte dose de tecnokafkianismo. O sistema funcionava assim: estacionado numa das extremidades da ponte, um veículo da polícia transmitia por rádio as placas dos carros que passavam a um teletipista instalado a alguns quilômetros dali; este, por sua vez, introduzia os dados num computador Univac 490, um caro brinquedo de 500 mil dólares (equivalentes a 3,5 milhões em dólares

> 4 Publicado originalmente como "The Rise of Data and the Death of Politics". *The Guardian*, Londres, jul. 2014.

atuais) da Sperry Rand Corporation. O computador verificava as placas em um banco de dados de 110 mil carros que haviam sido roubados ou pertenciam a criminosos conhecidos. Caso a placa constasse nesse banco, o teletipista emitia um alerta para um segundo carro de patrulha na outra saída da ponte. Todo o processo levava, em média, apenas sete segundos.

Em comparação com o impressionante equipamento à disposição da polícia hoje – reconhecimento automático de placas de veículos, câmeras de vigilância, rastreadores de GPS –, a Operação Corral parece esdrúxula. E, daqui em diante, as possibilidades de controle só tendem a se expandir. As autoridades europeias chegaram a considerar a exigência de que todos os carros que entrassem no mercado europeu tivessem um mecanismo que permitisse à polícia parar os veículos remotamente. No início de 2014, Jim Farley, executivo sênior da Ford, reconheceu que "conhecemos todos os infratores, sabemos quando estão transgredindo a lei. O GPS em seu carro permite sabermos o que você faz. Mas é claro que não fornecemos esses dados para ninguém". Essa última frase não soou muito tranquilizadora e, mais tarde, Farley retratou-se.

À medida que se tornam "inteligentes", os carros e as estradas permitem que, em tempo real, a lei seja aplicada de forma quase perfeita. Em vez de esperar que os motoristas cometam uma infração, as autoridades podem atuar preventivamente. Assim, um trecho de oitenta quilômetros da autoestrada A14, entre Felixstowe e Rugby, na Inglaterra, está sendo equipado com vários radares capazes de monitorar o tráfego com base no envio e na recepção de sinais de celulares nos veículos em movimento. Segundo a Ofcom, o cão de guarda das telecomunicações, essas estradas inteligentes e conectadas a um sistema centralizado de controle de tráfego poderiam não só estabelecer limites de velocidade variáveis a fim de regularizar o fluxo de tráfego, como também encaminhar os veículos "a rotas alternativas, a fim de evitar congestionamentos e até [administrar] as velocidades".

Outros aparelhos – de celulares a óculos inteligentes [*smart glasses*] – prometem ainda mais proteção e segurança. A Apple patenteou uma tecnologia que usa sensores do celular para verificar se o carro está em movimento e se a pessoa que usa o telefone é o motorista; se confirmadas ambas as condições, o aplicativo de mensagens de texto é bloqueado. A Intel e a Ford estão aperfeiçoando, juntas, o Projeto Mobil – um sistema de reconhecimento facial que, caso não reconheça o rosto do motorista, não só impede a partida do carro, como envia a foto da pessoa ao dono do carro (más notícias para os adolescentes).

O carro é o emblema de transformações que ocorrem em vários domínios, desde ambientes inteligentes para uma "vida assistida", nos quais tapetes e paredes detectam quando alguém está caído no chão, até planos diretores para cidades inteligentes, em que os serviços municipais despachariam recursos apenas para as áreas mais necessitadas. Graças aos sensores e à conectividade com a internet, os objetos mais cotidianos e banais adquiriram enorme poder de controlar nosso comportamento. Até mesmo banheiros públicos se prestam a essa otimização com base em sensores: o Safeguard Germ Alarm, um dosador de sabão inteligente desenvolvido pela Procter & Gamble, usado em banheiros públicos nas Filipinas, conta com sensores que monitoram as portas das cabines. Assim que a pessoa sai de uma, o alarme começa a tocar – e só silencia quando o botão do dosador de sabão é acionado.

Nesse contexto, o plano mais recente do Google de levar seu sistema operacional Android a relógios, carros, termostatos inteligentes, e, desconfia-se, a tudo que for considerado inteligente, parece um tanto assustador. Num futuro próximo, o Google será o intermediário entre você e sua geladeira, você e seu carro, você e sua lixeira, permitindo que a NSA satisfaça seu vício pelo acúmulo maciço de dados, e por intermédio de um único ponto de acesso.

Essa "inteligentificação" da vida cotidiana segue um padrão familiar: existem os dados primários – uma lista do que há na geladeira e na lixeira inteligentes – e os metadados – um registro da frequência com que você abre uma dessas coisas ou de quando elas se comunicam. Tanto os dados como os metadados resultam em ideias interessantes: por exemplo, os colchões inteligentes – um modelo recente promete acompanhar a respiração e os batimentos cardíacos, assim como a movimentação da pessoa durante a noite – ou os eletrodomésticos inteligentes que fornecem conselhos nutricionais.

Além de tornar nossa vida mais eficiente, esse mundo inteligente nos apresenta uma opção política empolgante. Se tanto do nosso comportamento cotidiano já foi capturado, analisado e manipulado, por que deveríamos nos deter nas abordagens não empíricas da regulação? Por que confiar em leis, se podemos contar com sensores e mecanismos de retroalimentação? Se as intervenções políticas devem ser – para fazer uso das expressões da moda – "baseadas em evidências" e "voltadas para resultados", a tecnologia está aqui para ajudar.

Esse novo tipo de governança tem um nome: regulação algorítmica. O programa político do Vale do Silício se baseia nessa regulação. Tim O'Reilly, um editor de tecnologia influente, investidor de risco e homem de ideias (é o responsável pela difusão do termo "Web 2.0"), tem sido o seu promotor mais entusiasta. Em um ensaio, O'Reilly defende de maneira intrigante as virtudes da regulação algorítmica – uma defesa que merece um exame mais apurado tanto pelo que promete aos formuladores de políticas como pelos pressupostos simplistas que evidencia a respeito da política, da democracia e do poder.

Para entender o funcionamento da regulação algorítmica, basta atentar para o filtro de *spam* de seu programa de e-mail. Em vez de definir restritivamente o que é um *spam*, o filtro de e-mail aprende com os usuários. Nem o Google consegue criar regras para bloquear todas as inovações engenhosas dos *spammers* profissionais. No entanto, consegue ensinar o sistema a reconhecer uma boa regra e também a informar a hora certa de achar outra regra capaz de encontrar uma boa regra – e assim por diante. Um algoritmo pode fazer isso, mas é a retroalimentação constante em tempo real dos usuários que lhe permite combater ameaças jamais imaginadas pelos projetistas. E isso vale não só para o *spam*: os bancos usam métodos semelhantes para detectar fraudes com cartões de crédito.

Em seu ensaio, O'Reilly extrai lições filosóficas mais abrangentes dessas tecnologias, argumentando que elas funcionam porque dependem de "uma compreensão profunda do resultado desejado" (*spam* é ruim!) e periodicamente verificam se os algoritmos estão funcionando tal como previsto (há excesso de e-mails legítimos marcados como *spam*?).

O'Reilly apresenta essas tecnologias como novas e únicas – vivemos uma revolução digital, afinal de contas –, mas o princípio por trás da "regulação algorítmica" é familiar aos fundadores da cibernética – uma disciplina em cujo nome (significa "a ciência da governabilidade") se alude às suas grandes ambições reguladoras. Esse princípio, que permite ao sistema manter a estabilidade por meio do aprendizado constante e da adaptação às circunstâncias variáveis, é o que o psiquiatra britânico Ross Ashby, um dos fundadores da cibernética, chamou de "ultraestabilidade".

Para ilustrar esse princípio, Ashby projetou o homeostato, um dispositivo inteligente que consiste na interligação de quatro unidades de controle de bombas da Força Aérea britânica – caixas-pretas de aparência misteriosa com muitos botões e interruptores – sensíveis a flutuações de voltagem. Se uma unidade deixa de funcionar corretamente – por exemplo, por causa de uma perturbação externa inesperada –, as outras três se reajustam e se reagrupam, compensando a insuficiência da unidade afetada e mantendo estável a produção geral do dispositivo.

A "ultraestabilidade" do homeostato de Ashby depende do monitoramento constante do seu estado interno e do reajuste imediato dos seus recursos adicionais. Como o filtro de *spam*, não é preciso especificar de antemão todos os possíveis problemas – apenas as regras de como e quando o dispositivo deve se atualizar e se rearranjar. Não se trata de um avanço banal em relação ao funcionamento usual dos sistemas técnicos, com suas regras rígidas do tipo se/então: de repente, não há mais necessidade de desenvolver procedimentos para enfrentar todas as contingências, porque – assim se espera – os algoritmos e a retroalimentação imediata, em tempo real, podem obter resultados melhores do que regras inflexíveis e desvinculadas da realidade.

Não resta dúvida de que a regulação algorítmica poderia melhorar a administração das leis existentes. Se é um recurso eficaz contra fraudes com cartões de crédito, por que não usá-lo contra fraudes fiscais? Os burocratas italianos testaram o *redditometro*, o registro de rendimentos, um instrumento que compara os padrões de gastos – valores acessíveis graças a uma lei italiana misteriosa –; conhecendo a renda declarada de uma pessoa, as autoridades podem saber quando ela gasta mais do que ganha. A Espanha já manifestou interesse em uma ferramenta semelhante.

Esses sistemas, no entanto, são inócuos contra os verdadeiros culpados da evasão fiscal – as famílias super-ricas que lucram com diversos esquemas em paraísos fiscais ou que simplesmente conseguem aprovar leis com isenções escandalosas. A regulação algorítmica é perfeita para assegurar o cumprimento de um programa de austeridade, deixando intocados os responsáveis pela crise fiscal. Para saber se esses sistemas estão funcionando como esperado, é preciso mudar a pergunta de O'Reilly: para quem estão trabalhando? Se favorecem apenas os plutocratas que evitam os impostos, as instituições financeiras globais interessadas em orçamentos nacionais equilibrados e as empresas que desenvolvem *softwares* de rastreamento de rendimentos, então dificilmente se trata de um êxito democrático.

Convicto de que a regulação algorítmica se baseia numa "profunda compreensão do resultado desejado", O'Reilly habilidosamente desvincula os meios e os fins da prática política. Mas, na política, "como" é tão importante quanto "quê" – na verdade, o primeiro muitas vezes molda o segundo. Todos concordam que educação, saúde e segurança são "resultados desejados", porém como alcançá-los? No passado, quando deparamos com a dura escolha política de consegui-los ou por meio do mercado ou por meio do Estado, as linhas do debate ideológico eram claras. Hoje, quando se supõe que a escolha seja entre o digital e o analógico, ou entre a retroalimentação dinâmica e a lei estática, não há mais essa clareza ideológica – como se a própria escolha de como alcançar esses "resultados desejados" fosse apolítica e não nos obrigasse a optar entre concepções de vida comunitária distintas e muitas vezes incompatíveis.

Ao assumir que o mundo utópico dos ciclos infinitos de retroalimentação é tão eficiente que transcende a política, os proponentes da regulação algorítmica caem na mesma armadilha dos tecnocratas do passado. Sim, esses sistemas são extremamente eficientes – da mesma maneira que Cingapura é extremamente eficiente (não surpreende, portanto, que O'Reilly elogie o entusiasmo com a adoção da regulação algorítmica por Cingapura). E, embora os líderes desse país possam acreditar que eles também transcenderam a política, isso não significa que seu regime não possa ser avaliado fora do pântano linguístico da eficiência e da inovação, isto é, a partir de referências políticas, e não econômicas.

Como o Vale do Silício continua a corromper nossa linguagem com sua interminável exaltação da disrupção e da eficiência – conceitos em desacordo com o vocabulário da democracia –, nossa capacidade de questionar o "como" da política fica debilitada. No Vale do Silício, a resposta padronizada para isso é o que chamo de solucionismo: os problemas devem ser resolvidos por meio de aplicativos, sensores e ciclos infinitos de retroalimentação – todos fornecidos por *startups*. No começo de 2014, Eric Schmidt, do Google, chegou até a prometer que as *startups* trariam a solução para o problema da desigualdade econômica: esta, ao que parece, também pode se beneficiar de uma "disrupção". E, aonde vão os inovadores e os disruptores, os burocratas vão atrás.

Os serviços de inteligência adotaram o solucionismo antes de outros órgãos governamentais. Com isso, conseguiram restringir o tópico do terrorismo: um assunto um pouco vinculado com a história e com a política externa tornou-se agora uma questão informacional de identificação de possíveis ameaças terroristas graças à vigilância constante. Eles incitaram os cidadãos a aceitar que a instabilidade faz parte do jogo, que as raízes do terrorismo não são rastreáveis nem remediáveis e que a ameaça só pode ser evitada por meio da inovação e da superação do inimigo por meio de sistemas de comunicação mais efetivos.

Em um discurso em Atenas em novembro de 2013, o filósofo italiano Giorgio Agamben discutiu uma transformação epocal na própria ideia de governo, "que põe de pernas para o ar a tradicional relação hierárquica entre causas e efeitos. Já que governar as causas é difícil e caro, é mais seguro e útil tentar governar os efeitos".

Para Agamben, essa transformação é uma característica da modernidade. Ela também explica por que a liberalização da economia pode coexistir com a proliferação cada vez maior dos controles – por intermédio de dosadores de sabão e de carros gerenciados remotamente – na vida cotidiana. "Se o governo aponta aos efeitos e não às causas, será obrigado a estender e a multiplicar o controle. As causas exigem ser conhecidas, enquanto os efeitos apenas podem ser verificados e controlados." A regulação algorítmica é uma concretização desse programa político em formato tecnológico.

A verdadeira política de regulação algorítmica torna-se visível quando sua lógica é aplicada às redes de proteção do Estado de bem-estar social. Não há apelos para desmantelar tais redes, mas os cidadãos são incentivados a se responsabilizar por sua própria saúde. Basta ver como Fred Wilson, um influente investidor de risco americano, aborda o tema. "A saúde [...] é o oposto dos cuidados médicos", comentou durante uma conferência em Paris em dezembro de 2013. "É, antes de tudo, o que mantém a pessoa fora do sistema de saúde." Assim, somos incitados a usar aplicativos de monitoramento e plataformas de compartilhamento de dados, a acompanhar nossos indicadores vitais, sintomas e discrepâncias do ideal por conta própria.

Isso combina muito bem com as recentes propostas de políticas para resgatar os serviços públicos deteriorados por meio do incentivo de modos de vida mais saudáveis. Um exemplo é o relatório de 2013 da subprefeitura londrina de Westminster e do instituto *Local Government Information Unit*, que sugeria a vinculação dos benefícios de moradia e outras ajudas sociais à frequência na academia de ginástica, algo que seria controlado por meio de cartões inteligentes. Estes talvez nem sejam necessários: muitos celulares já contabilizam a quantidade de passos que damos por dia (o Google Now, o assistente virtual da empresa, registra esses dados automática e periodicamente, apresentando-os aos usuários de modo a incentivá-los a caminhar mais).

O'Reilly está atento às inúmeras possibilidades que os dispositivos de rastreamento oferecem aos setores da saúde e dos convênios médicos. "Sabem como a publicidade virou o modelo de negócios predominante na internet?", indagou ele numa conferência recente. "Na minha opinião, o seguro vai ser o verdadeiro modelo de negócio na Internet das Coisas." E, de fato, parece que caminhamos nesse sentido: em 2014, a Microsoft fechou um acordo com a American Family Insurance, a oitava maior seguradora de residências dos Estados Unidos, pelo qual as duas empresas financiariam *startups* interessadas em desenvolver e instalar sensores em casas e carros inteligentes com a finalidade de manter uma "proteção proativa".

Uma companhia de seguros arcaria de bom grado com os custos da instalação de mais um sensor na sua casa – desde que ele possa alertar automaticamente o corpo de bombeiros ou fazer piscar as luzes da entrada quando o detector de fumaça for acionado. Por enquanto, esses sistemas de rastreamento são oferecidos como um benefício adicional que pode nos poupar algum dinheiro. Porém, como vai ser quando chegar o momento em que não usá-los será considerado um desvio – ou, pior, um ato de dissimulação – que pode ser punido com apólices de seguro mais caras?

Outro exemplo é um relatório, divulgado em maio de 2014 pelo Instituto 2020health, que propunha a redução de impostos para os britânicos que deixassem de fumar, mantivessem o peso baixo ou bebessem menos. "Propomos 'pagamento por resultados', uma recompensa financeira para as pessoas que se empenharem ativamente em preservar a saúde, comprometendo-se, por exemplo, em manter sob controle os níveis de açúcar no sangue, parar de fumar, manter o peso, cuidar mais de si. [...] Para essas pessoas, haverá um desconto nos impostos ou um bônus de fim de ano", afirma o relatório. Os dispositivos inteligentes são os aliados naturais de tais esquemas: eles registram os resultados e podem até mesmo ajudar a alcançá-los – instigando-nos constantemente a fazer o que é esperado.

O pressuposto tácito da maioria dessas propostas é que os doentes não apenas são um fardo para a sociedade, como merecem ser punidos (fiscalmente, por enquanto) por sua irresponsabilidade. Pois o que mais poderia explicar os problemas de saúde senão suas deficiências pessoais? Certamente não é o poder das empresas alimentícias ou as distinções de classe ou, ainda, as inúmeras injustiças políticas e econômicas. Uma pessoa pode usar dezenas de sensores poderosos, ter um colchão inteligente e até manter um registro diário preciso de suas fezes – como alguns aficionados do monitoramento costumam fazer –, mas aquelas injustiças continuam sendo invisíveis, pois não podem ser medidas com sensores. O diabo não usa dados. É muito mais difícil monitorar as injustiças sociais do que a vida cotidiana dos indivíduos submetidos a elas.

Ao desviar o enfoque regulador – do controle da prevaricação institucional e corporativa para o contínuo direcionamento eletrônico dos indivíduos –, a regulação algorítmica nos oferece a boa e velha utopia tecnocrática da política apolítica. Desacordo e conflito, sob esse modelo, são vistos como subprodutos lamentáveis da era analógica – a serem eliminados por meio da coleta de dados –, e não como consequências inevitáveis de conflitos econômicos ou ideológicos.

Todavia, uma política apolítica não significa uma política sem controle ou gerenciamento. Como observa O'Reilly em seu ensaio, "as novas tecnologias permitem diminuir a quantidade de regulamentação, aumentando simultaneamente a quantidade de supervisão e a produção de resultados desejáveis". Assim, equivoca-se quem acha que o Vale do Silício quer nos livrar das instituições governamentais. Seu Estado ideal não é o pequeno governo dos libertários – afinal, um Estado pequeno não precisa de aparelhos sofisticados nem de servidores de massa para o processamento de dados –, e sim o Estado obcecado pela acumulação de dados proposto pelos economistas comportamentais.

O Estado instigador está apaixonado pela tecnologia da retroalimentação, pois seu princípio crucial e fundador é o de que, embora o comportamento seja irracional, tal irracionalidade pode ser corrigida – basta o ambiente atuar sobre nós, instigando-nos na direção certa. Não admira, portanto, que uma das três únicas referências no fim do ensaio de O'Reilly seja um discurso intitulado "Regulation: Looking Backward, Looking Forward" ["Regulação: de olho no passado e no futuro"], pronunciado em 2012 por Cass Sunstein, proeminente jurista americano e principal teórico do Estado instigador.

E, enquanto os instigadores já capturaram o Estado ao fazer da psicologia comportamental a linguagem predileta da burocracia governamental – Daniel Kahneman fica, Maquiavel sai –, o lobby da regulação algorítmica avança por vias mais clandestinas. Eles criam organizações sem fins lucrativos inofensivas, como a Code for America, que depois coopta o Estado – sob o pretexto de estimular os programadores talentosos a lidar com problemas cívicos.

Tais iniciativas visam reprogramar o Estado e torná-lo receptivo à retroalimentação, eliminando outros meios de fazer política. A interoperabilidade é crucial para o funcionamento de todos esses aplicativos de rastreamento, algoritmos e sensores – e é bem isso o que exigem essas organizações pseudo-humanitárias, com sua crença fervorosa em dados abertos. E, quando o governo é lento demais para acompanhar a velocidade do Vale do Silício, elas simplesmente se mudam para dentro dele. Assim, Jennifer Pahlka, a fundadora do Code for America e protegida de O'Reilly, tornou-se vice-chefe de tecnologia do governo dos Estados Unidos – ao mesmo tempo que gerenciava um programa da Casa Branca de "bolsas de inovação" por um ano.

Governos desfalcados veem com bons olhos essa colonização por parte de tecnólogos – sobretudo se ela ajudar a identificar e a organizar conjuntos de dados que possam ser vendidos com lucro para empresas que precisam deles para fins publicitários. Confrontos recentes a respeito da venda de dados coletados pelos sistemas de educação e de saúde no Reino Unido são apenas uma amostra das batalhas que estão por vir: depois de todos os ativos estatais terem sido privatizados, chegará a vez dos dados. Para O'Reilly, os dados abertos são "um facilitador-chave da revolução da mensuração".

Essa "revolução da mensuração" tem como objetivo quantificar a eficiência de vários programas sociais, como se a lógica por trás das redes de proteção social proporcionadas por alguns desses programas fosse atingir a perfeição dos resultados. A verdadeira lógica, claro, é possibilitar uma vida satisfatória por meio da supressão de determinadas ansiedades, de modo que os cidadãos possam perseguir seus projetos de vida em relativa tranquilidade. Essa ideia gerou uma vasta aparelhagem burocrática e os críticos do Estado de bem-estar social de esquerda – em especial Michel Foucault – tinham razão ao questionar seu viés disciplinador. No entanto, nem a perfeição nem a eficiência eram o "resultado desejado" desse sistema. Por isso, é um equívoco recorrer a esses termos para comparar o Estado de bem--estar ao Estado algorítmico.

Entretanto, podemos comparar as respectivas concepções de satisfação humana – e o papel que atribuem aos mercados e ao Estado. A proposta do Vale do Silício é clara: graças aos ciclos de retroalimentação constantes, todos podemos nos tornar empreendedores e cuidar dos próprios negócios! Como Brian Chesky, diretor executivo do Airbnb, afirmou à revista *Atlantic*: "O que acontece quando todo mundo vira uma marca? Quando todos têm uma reputação? Todos podem se tornar empreendedores".

De acordo com essa concepção, vamos todos ser programadores (a favor dos Estados Unidos!) pelas manhãs, à tarde dirigir carros para a Uber e à noite abrir nossas cozinhas como restaurantes – cortesia do Airbnb. Como diz O'Reilly, referindo-se à Uber e a empresas similares, "esses serviços solicitam a todos os passageiros que avaliem o motorista (assim como este avalia o passageiro). Os motoristas que prestam um serviço ruim são eliminados. O sistema de reputação é o melhor para assegurar uma excelente experiência para o usuário, mais do que qualquer regulamentação estatal".

O Estado continua a existir por trás da "economia compartilhada", pois pode ser necessário para assegurar que a reputação acumulada na Uber, no Airbnb e em outras plataformas seja totalmente líquida e transferível, criando um mundo onde todas as interações sociais são registradas e avaliadas e apagando quaisquer diferenças entre domínios sociais. Alguém, em algum lugar, vai acabar por classificá-lo como passageiro, hóspede, estudante, paciente, cliente. Se essa infraestrutura de classificação é descentralizada, ou mantida por uma gigante como o Google, ou se fica nas mãos do Estado, isso ainda não está claro, mas o objetivo principal é transformar a reputação em uma rede social adaptada à retroalimentação e capaz de proteger os cidadãos comprovadamente responsáveis das vicissitudes da desregulamentação.

Admirador dos sistemas de reputação da Uber e do Airbnb, O'Reilly quer que os governos os "adotem ali onde não se comprovaram efeitos nocivos". Porém, o que é um "efeito nocivo" e qual é a maneira de comprová-lo são questões-chave que pertencem ao "como" da política, aquele que a regulação algorítmica visa suprimir. É fácil comprovar os "efeitos nocivos" se o objetivo da regulação for a eficiência, mas e se for outra coisa? Será que existem alguns benefícios – menos sessões no psicanalista, talvez – em não ter as interações sociais classificadas?

O imperativo de avaliar e exibir "resultados" e "efeitos" já pressupõe que o objetivo da política é a otimização da eficiência. Entretanto, enquanto a democracia for irredutível a uma fórmula, seus valores intrínsecos sempre vão perder essa batalha, pois são muito mais difíceis de quantificar.

Para o Vale do Silício, porém, o Estado algorítmico, obcecado pelos sistemas de reputação e pela economia compartilhada, é o novo Estado do bem-estar social. Se você for honesto e trabalhador, sua reputação *on-line* vai refletir isso, produzindo uma rede de proteção social altamente personalizada. É a "ultraestabilidade" no sentido de Ashby: enquanto o Estado de bem-estar assume a existência de males sociais específicos a serem combatidos, o Estado algorítmico dispensa tais suposições. As ameaças futuras podem permanecer totalmente incognoscíveis e totalmente solucionáveis – no plano individual.

Evidentemente, o Vale do Silício não está sozinho ao defender essas soluções individuais ultraestáveis. Em seu *best-seller* de 2012, intitulado *Antifrágil: coisas que se beneficiam com o caos*, Nassim Taleb faz um apelo similar, ainda que mais filosófico, a favor da otimização da nossa desenvoltura e resiliência individuais: não consiga um emprego, mas muitos; não contraia dívidas, recorra à sua experiência própria. Tudo gira em torno da resiliência, de assumir riscos e, como diz Taleb, de "sentar à mesa do jogo". Como afirmam Julian Reid e Brad Evans, no livro *Resilient Life: The Art of Living Dangerously* [Vida resiliente: a arte de viver perigosamente], esse crescente culto da resiliência mascara um reconhecimento tácito de que nenhum projeto coletivo poderia sequer aspirar a controlar as profusas ameaças à existência humana – a única expectativa ao nosso alcance é a de reunirmos condições para enfrentar cada uma dessas ameaças individualmente. "Quando adotam o discurso da resiliência", comentam Reid e Evans, "os formuladores de políticas o fazem com objetivos explícitos de impedir que os seres humanos concebam o perigo como um fenômeno do qual deveriam se libertar e até mesmo, pelo contrário, o ditam como aquilo a que agora devem se expor".

Qual é, então, a alternativa progressista? "O inimigo do meu inimigo é meu amigo" não funciona aqui: a constatação de que o Vale do Silício está investindo contra o Estado de bem-estar social não significa que os progressistas devam defendê-lo até a última instância (ou *tweet*). Primeiro, mesmo os governos de esquerda têm espaço limitado para manobras fiscais, uma vez que o tipo de gasto discricionário que é preciso para modernizar o Estado de bem-estar social nunca seria aprovado pelos mercados financeiros globais. E são as agências de classificação de crédito e os mercados de títulos – e não os eleitores – que hoje estão no comando.

Em segundo lugar, a crítica esquerdista do Estado de bem-estar social se tornou ainda mais relevante na atualidade, quando se embaralham as fronteiras nítidas entre o bem-estar e a segurança. Quando o sistema operacional Android, do Google, viabiliza grande parte de nossa vida cotidiana, será cada vez mais forte a tentação do governo de nos conduzir por meio de carros controlados a distância e de dosadores de sabão acionados por alarme. Isso expandirá o controle do Estado em áreas da vida antes isentas de regulamentação.

Com a disponibilidade de tantos dados, o argumento favorito do governo na luta contra o terror – "se apenas os cidadãos soubessem tanto quanto sabemos, também eles imporiam todas essas exceções jurídicas" – facilmente se estende a outras áreas, desde a da saúde até a das mudanças climáticas. Basta ver um artigo acadêmico recente, que usou dados de pesquisas feitas por meio do Google para estudar os padrões de obesidade nos Estados Unidos, e encontrou uma correlação significativa entre palavras-chave de busca e níveis de índice de massa corporal. "Os resultados sugerem que a ideia de um monitoramento da obesidade por intermédio de dados em tempo real do Google Trends é muito promissora", observam os autores, o que seria "particularmente agradável para os órgãos estatais de saúde e para empresas privadas, como as seguradoras".

Se o Google detectou uma epidemia de gripe numa região, é difícil contestar esse alerta – nós não contamos com a infraestrutura necessária para processar tantos dados nessa escala. Depois do ocorrido, é possível mostrar que o Google se equivocou – como se deu recentemente com seus dados relativos a tendências de gripe, que superestimavam a quantidade de infecções, possivelmente por não levar em conta a intensa cobertura da gripe pela mídia –, assim como também se equivoca com a maioria dos alertas terroristas. É a natureza imediata, em tempo real, dos sistemas computadorizados que os torna aliados perfeitos de um Estado infinitamente expansivo e obcecado pela prevenção de ataques.

Talvez o caso de Gloria Placente e de sua excursão fracassada à praia não tenha sido apenas uma curiosidade histórica, mas um presságio de como a computação em tempo real, associada às tecnologias de comunicação onipresentes, iria transformar o Estado. Um dos raros indivíduos a se dar conta desse presságio foi um publicitário americano pouco conhecido, chamado Robert MacBride, que levou até o fim a lógica da Operação Corral, num livro injustamente negligenciado, *The Automated State* [O Estado automatizado], lançado em 1967.

Na época, os americanos debatiam os méritos de criar um banco de dados capaz de agregar várias estatísticas nacionais e torná-las acessíveis aos diversos órgãos governamentais. MacBride atacou a incapacidade de seus contemporâneos de ver como o Estado exploraria os metadados acumulados nesse processo de informatização generalizada. Em vez de "um Império Austro-Húngaro em grande escala e atualizado", os sistemas computacionais modernos produziriam "uma burocracia de alcance quase celestial", capaz de "discernir e definir relações de maneira que nenhuma burocracia humana poderia almejar".

"O fato de alguém ir a um boliche no domingo ou, em vez disso, visitar uma biblioteca é irrelevante, desde que ninguém verifique essas coisas", escreveu ele. A situação não é a mesma quando sistemas computadorizados podem agregar dados de diferentes domínios e identificar as correlações. "Nosso comportamento individual ao comprar e vender um automóvel, uma casa ou um lote de ações, ao saldar dívidas e contrair novas, ao ganhar dinheiro e ser remunerado, tudo isso será registrado de forma meticulosa e estudado exaustivamente", advertiu. Assim, um cidadão logo vai notar que "sua opção de assinatura de revistas [...] pode ser analisada e indicar precisamente a probabilidade de ele preservar o patrimônio ou se interessar pela educação dos filhos". Isso soa assustadoramente semelhante ao caso recente de um pai infeliz que descobriu que a filha estava grávida ao receber em casa um cupom enviado por uma rede de varejo, a Target. O palpite da Target fora baseado na análise de consumo de produtos – por exemplo, loção sem perfume – em geral adquiridos por mulheres grávidas.

Para MacBride, a conclusão era óbvia. "Os direitos políticos não serão violados, mas vão se assemelhar mais aos direitos de um pequeno acionista numa empresa gigantesca", escreveu. "Nesse futuro, a marca da sofisticação e *savoir-faire* será a graça e a flexibilidade com as quais a pessoa aceita o papel que lhe cabe, aproveitando ao máximo o que ele oferece." Em outras palavras, como antes de tudo somos todos empreendedores – e, em segundo lugar, cidadãos –, só nos resta aproveitar ao máximo essa condição.

O que, então, pode ser feito? A tecnofobia não é a solução. Os progressistas precisam de tecnologias que respeitem o espírito, se não a forma institucional, do Estado de bem-estar social e preservem o compromisso deste com vistas a oferecer as condições ideais para a prosperidade humana. Até mesmo certa ultraestabilidade é bem-vinda. A estabilidade era um objetivo louvável do Estado de bem-estar social antes de este cair numa armadilha: ao especificar exatamente as proteções que o Estado deveria oferecer contra os excessos do capitalismo, não pôde desviar, com facilidade, das novas formas de exploração, não especificadas de antemão.

Como construímos um bem-estar social que seja ao mesmo tempo descentralizado e ultraestável? Algum tipo de renda mínima garantida – por meio da qual alguns serviços sociais são substituídos por transferências diretas de renda para os cidadãos – atende ambos os critérios.

Criar condições apropriadas para o surgimento de comunidades políticas em torno de causas e questões que lhes pareçam relevantes seria outro passo. A plena conformidade com o princípio da ultraestabilidade determina que tais questões não podem ser antecipadas ou impostas de cima – por partidos políticos ou sindicatos – e devem permanecer não especificadas.

O que pode ser definido é o tipo de infraestrutura de comunicação necessária para sustentar essa causa: ela deve ser de livre acesso, de difícil rastreamento e aberta para usos novos e subversivos. A atual infraestrutura do Vale do Silício é excelente para atender as necessidades do Estado, e não as necessidades dos cidadãos organizados por conta própria. Claro que ela pode ser reimplantada por causas ativistas – o que costuma ocorrer –, mas não há motivo para aceitar o *status quo* como ideal ou inevitável.

Por que, afinal de contas, se apropriar de algo que desde o início deveria pertencer à população? Enquanto muitos dos criadores da internet lamentam quão baixo caiu a sua criatura, a raiva deles é mal direcionada. A culpa não é dessa entidade amorfa, e sim, antes de tudo, da ausência de uma política tecnológica robusta de esquerda – uma política que se possa contrapor à agenda pró-inovação, pró-ruptura e pró-privatização do Vale do Silício. Na ausência de tal política, todas essas comunidades políticas emergentes atuarão com as asas cortadas. Não se sabe se o próximo Occupy Wall Street vai conseguir ocupar algo numa cidade verdadeiramente inteligente: muito provavelmente, seus ativistas acabariam censurados e eliminados.

Para seu crédito, MacBride entendeu tudo isso em 1967. "Com os recursos da tecnologia e das técnicas de planejamento modernas", alertou ele, "não se requer de fato nenhum grande truque para transformar até mesmo um país como o nosso numa corporação eficiente, onde todos os detalhes da vida não passam de funções mecânicas a serem ajustadas". O temor de MacBride é o plano-mestre de O'Reilly: o governo, escreve ele, deveria se basear no modelo de "*startup* enxuta" adotado no Vale do Silício, que "usa os dados para revisar e aperfeiçoar constantemente sua abordagem do mercado". É exatamente essa a abordagem recém-adotada pelo Facebook a fim de maximizar a participação dos seus usuários: se o truque é mostrar a eles uma quantidade maior de histórias felizes, então que assim seja.

A regulação algorítmica, independentemente de seus benefícios imediatos, nos dará um regime político no qual todas as decisões serão tomadas pelas empresas de tecnologia e pelos burocratas estatais. Coube a um escritor de ficção científica, o polonês Stanislaw Lem, numa crítica publicada a respeito da cibernética, por assim dizer, na mesma época que *The Automated State*, explicitar a questão: "A sociedade não pode desistir do fardo de decidir o próprio destino, abdicando dessa liberdade em prol do regulador cibernético".

COMO COBAIAS DESAVISADAS [5]

Até os especialistas do Vale do Silício acertam de vez em quando: a produção, a acumulação e a análise de traços resultantes dos dispositivos digitais produzem de fato benefícios reais. Seguindo a lógica dos dividendos da paz – um termo popularizado no início da década de 1990, segundo o qual a redução dos gastos militares promoveria o crescimento econômico –, poderíamos falar dos dividendos da vigilância: a ideia de que a Internet das Coisas, o "Big Data" e a inevitável ruptura de *startups* californianas vai redundar em abundância econômica, emancipação política e prosperidade universal.

Graças à maior rastreabilidade de tudo, podemos projetar melhor, aperfeiçoar melhor, governar melhor, conhecer melhor. Os dividendos da vigilância aumentam a eficiência. Poupam recursos. Prolongam vidas. Seus benefícios são reais. Em função disso, não deveríamos nos perguntar se os dividendos da vigilância nos permitem governar melhor ou conhecer melhor. Caberia então indagar: melhor que o quê?

Para responder a essa pergunta, convém examinar como os proponentes dos dividendos da vigilância alardeiam tais benefícios nas diferentes áreas. Em seu livro *Social Physics* [A física social], Alex Pentland, professor do Media Lab do MIT, conselheiro do Fórum Econômico Mundial em Davos e VIP (segundo seu *site*, ele jantou "com a realeza britânica e com o presidente da Índia"), descreve um experimento denominado FunFit, que lançou em Boston.

5 Originalmente publicado como "Like clueless guinea pigs". *Frankfurter Allgemeine Zeitung*, Frankfurt, jul. 2014.

O objetivo do FunFit era fazer com que os membros de uma comunidade local se tornassem mais ativos fisicamente. No passado, o estudo poderia ter recorrido a uma campanha publicitária de caráter social que enfatizasse os benefícios da saúde. Ou poderia ter implementado um programa de incentivos financeiros para que os indivíduos se mantivessem em forma. Pentland, no entanto, optou por outra estratégia: todos os participantes do estudo foram vinculados a dois outros membros da comunidade. Estes podiam ser apenas conhecidos, ou, ao contrário, amigos íntimos. Esses dois membros receberiam pequenos incentivos em dinheiro para serem estimulados a aumentar a sua atividade física, que era medida por acelerômetros nos celulares fornecidos pelo estudo. Assim, se a pessoa andasse mais do que o habitual, seus conhecidos – e não ela própria! – receberiam o dinheiro.

Os resultados foram assombrosos: o esquema mostrou-se quase quatro vezes mais eficaz do que o método tradicional, de pagar diretamente aos indivíduos. Além disso, se os seus colegas fossem pessoas com as quais você interagia muito, o resultado chegava a ser oito vezes melhor. Tudo isso levou Pentland a anunciar o nascimento de uma nova disciplina: a "física social". Então, ao estudar nossas relações sociais atuais e usar esse conhecimento para fornecer aos indivíduos incentivos específicos, podemos afinal enfrentar os problemas sociais há muito negligenciados.

A OBSERVAÇÃO RESOLVE PROBLEMAS

Pentland oferece outro exemplo: durante as eleições parlamentares de 2010 nos Estados Unidos, pesquisadores universitários norte-americanos realizaram um estudo sobre 61 milhões de usuários do Facebook, divididos em dois grupos. Ambos receberam mensagens que os incentivavam a votar, mas o primeiro grupo viu uma mensagem genérica e despersonalizada, ao passo que o segundo recebeu uma personalizada, que mostrava o rosto de amigos que já haviam votado. As leis da física social se mostraram consistentes: mais pessoas do segundo grupo foram às urnas. No caso de amigos íntimos – ao contrário de meros conhecidos virtuais –, os resultados foram bem impressionantes: quatro vezes mais pessoas votaram depois de ver a mensagem personalizada.

Os sistemas baseados na física social funcionam porque nos conhecem bem: não só nossos deslocamentos diários e padrões de comunicação, como também nossos amigos e a natureza dos nossos relacionamentos. A física social tem implicações preocupantes. Com um acúmulo suficiente de dados, é possível encontrar os vizinhos certos para nos convencer a reduzir o consumo de energia, os amigos certos para nos alertar contra uma alimentação pouco saudável, os colegas certos para que possamos manter o foco durante o horário de trabalho. Tudo se resume a achar as pessoas certas no momento certo e conseguir que nos enviem as mensagens certas.

A granularidade e a rastreabilidade das relações sociais mediadas digitalmente permitem transformá-las em mais um instrumento daquilo que Michel Foucault chamou governamentalidade [*gouvernementalité*]. Em vez de apelar para o bem-estar da comunidade ou para o interesse próprio do consumidor no mercado, é possível regular o comportamento individual usando a própria amizade como ferramenta de governança, o que nos leva a nos expor seletivamente às diversas partes do que as empresas de tecnologia chamam de o nosso "perfil social".

Pentland propõe algumas soluções institucionais para resolver as questões de privacidade, mas não cabe aqui tratar delas. O importante é que o Dividendo da Vigilância é real: a observação contínua de indivíduos pode efetivamente resolver problemas.

LABORATÓRIOS REAIS

O experimento do Facebook, de incentivo à participação eleitoral, é um teste de controle aleatório, uma modalidade comum de experimento científico, originalmente difundida em medicina, no qual os participantes são divididos aleatoriamente em dois ou mais grupos. Um dos grupos é alvo de uma intervenção – por exemplo, o recebimento de fotos de amigos que já votaram –, enquanto nada acontece ao outro. Esses estudos são cada vez mais populares entre os cientistas sociais, e serviços como o Facebook – com seus milhões de usuários e configurações facilmente ajustáveis de acordo com o que cada um deve ver – são ideais como campos de experimentação, repletos de cobaias involuntárias (ou seja, nós).

O furor a respeito de um novo estudo em que o Facebook mostrou a usuários felizes mensagens positivas, e a usuários infelizes mensagens negativas, parece bastante ingênuo. Como afirmou um dos especialistas em dados do Facebook poucos meses antes do escândalo, "no Facebook, realizamos mais de mil experimentos por dia. Enquanto muitos desses experimentos são concebidos para otimizar resultados específicos, outros visam servir de base para decisões de longo prazo do projeto". Traduzindo: melhor nos preocuparmos com os milhares de experimentos diários a respeito dos quais não comentamos nada!

Como atualmente há enorme demanda por políticas baseadas em evidências e voltadas à obtenção de resultados, o Facebook nos proporciona a infraestrutura intelectual ideal para testar a viabilidade de qualquer tipo de intervenção. De novo, estamos diante do Dividendo da Vigilância: quanto mais o Facebook nos rastreia, mais eficazes são as políticas que mudam verdadeiramente o mundo – e em tempo real, em vez de dois anos depois. Pentland quer "reviver as ciências sociais por meio da criação de laboratórios reais para testar e comprovar ideias a fim de criar sociedades baseadas em dados". James Fowler, coautor do estudo eleitoral do Facebook, leva a problemática ainda mais longe, afirmando que "deveríamos nos empenhar ao máximo para medir os efeitos das redes sociais e aprender a multiplicá-los, a fim de que possamos desencadear uma epidemia de bem-estar".

DA OBSERVAÇÃO À EXPLICAÇÃO

Um artigo na revista *Foreign Affairs* revela outros benefícios dos dividendos da vigilância. Como os pobres estão sob "pressão constante [...] para gastar o seu dinheiro em necessidades imediatas", os autores, que trabalham para a Fundação Bill & Melinda Gates, enaltecem o potencial dos celulares de "instigar" os desvalidos a guardar dinheiro regularmente em contas de poupança. Poupar ou gastar não é a única grande decisão que os pobres enfrentam; nos países em desenvolvimento, são muitas as decisões dessa importância – vacinação, educação, seguro de safras agrícolas – e nem sempre são tomadas nas melhores condições.

Por que, então, não transformar os celulares numa Siri ou num Google Now – os dois assistentes virtuais populares – ao alcance dos mais pobres? Eles não poderiam monitorar continuamente as atividades do usuário, mapeando as restrições ambientais e sugerindo as escolhas mais acertadas? Ainda mais uma vez, eis o Dividendo da Vigilância: graças ao rastreamento contínuo, indivíduos que de outro modo seriam vulneráveis poderiam se tornar mais resilientes e engenhosos na busca de soluções para seus problemas. Um dia, com celulares mais avançados, poderemos até ensiná-los a programar!

Essas ideias parecem atraentes por dois motivos. Primeiro, a persistência dos problemas sociais, das mudanças climáticas, passando pela pobreza até a obesidade, resultou num consenso quase universal quanto à necessidade de medidas mais drásticas. Assim, métodos explicitamente paternalistas antes tidos como tabus voltam a ser discutidos. Os acadêmicos continuam publicando livros com títulos como *Against Autonomy* [Contra a autonomia] e *Epistemic Paternalism: A Defense* [Paternalismo epistêmico: uma defesa], que enfatizam a necessidade de interferir nas decisões individuais, seja a favor dos interesses da comunidade, seja a favor do bem desses indivíduos.

Outro fator é o contínuo interesse pela economia comportamental, que pretende corrigir o que considera pressupostos ingênuos da economia neoclássica sobre a racionalidade humana. Os economistas comportamentais querem explicar como as pessoas atuam no mundo real, e não em modelos teóricos extravagantes. Para tanto, eles – e sobretudo os acadêmicos que estudam a pobreza mundial – saem a campo e, depois de meticulosa observação dos pobres, conduzem testes de controle aleatório para verificar se seus palpites estão corretos.

APLICATIVO
CONTRA
A POBREZA

Tais palpites nem sempre resultam em hipóteses ou explicações causais básicas: se os pesquisadores constatam, por exemplo, que uma escola rural com um professor educa os alunos melhor do que uma escola com dois professores, tal constatação se torna "aproveitável" mesmo sem teoria. Há certa semelhança aqui com a atitude confiante e orientada para resultados adotada pelas empresas de tecnologia: o Facebook não precisa saber por que histórias felizes fazem os usuários clicar mais para que use esse conhecimento. O fim da teoria, previsto por Chris Anderson na revista *Wired* em 2008, chegou a esse terreno um pouco antes: quando tanta coisa pode ser observada, estudada e testada, os debates teóricos e filosóficos exaustivos só atrapalham.

Um dos pressupostos subjacentes compartilhados por muitos economistas comportamentais é que nem sempre agimos de acordo com nossos melhores interesses por razões específicas que podem ser identificadas, classificadas e retificadas. No livro *Escassez, uma nova forma de pensar a falta de recursos na vida das pessoas e das organizações*, Eldar Shafir e Sendhil Mullainathan, dois renomados economistas que foram pioneiros na aplicação da economia comportamental ao estudo da pobreza, sugerem que as pessoas pobres ficam tão sobrecarregadas pela ansiedade, provocada pela constante preocupação com dinheiro, que acabam tomando decisões contrárias ao seu próprio interesse. A pobreza, argumentam eles, decorre de uma escassez cognitiva, que, "em vez de ser uma característica pessoal [...] é o resultado de condições ambientais [...] que não raro podem ser administradas" – uma perspectiva que, alegam, proporciona "uma reformulação radical da pobreza".

Em outros termos, os pobres tomam decisões financeiras ruins porque as outras preocupações reduzem sua "banda larga cognitiva", de maneira parecida com o uso do Skype ou do Spotify, que podem deixar sua conexão com a internet mais lenta. Segundo essa concepção, se os pobres recebessem uma mensagem de texto adequada no momento certo, eles poderiam acabar poupando mais. Para combater a pobreza, então, devemos ter "um ambiente isolado da escassez", de modo que as decisões ruins e irracionais sejam evitadas ou minimizadas por meio de algum sistema de monitoramento permanente (Mullainathan e Shafir o comparam a um detector de fumaça).

SOLUÇÕES MÁGICAS

A pobreza, então, torna-se um programa de informações que pode ser combatido com as ferramentas informacionais que geram os dividendos da vigilância. Um exemplo é um aplicativo para celular chamado BillGuard. Ele não só nos avisa toda vez que ultrapassamos o limite estabelecido de gastos mensais, como também pesquisa na internet os oito cupons de desconto que ajudam a reduzir nossas contas com base em padrões de despesas. Outro exemplo é a iBag – uma bolsa de verdade, dotada de sensores e de conectividade, que automaticamente se tranca – presumivelmente, com a sua carteira – quando decide que você está a ponto de gastar demais. O monitoramento constante é o que torna tais inovações possíveis.

É possível que tais aplicativos tirem algumas pessoas da pobreza. Talvez até deixem seus criadores ricos. Mas qual é o custo de "informacionalizar" a pobreza? E é assim que nós – e "nós" aqui designa essa entidade quase esquecida, uma comunidade de cidadãos, e não de capitalistas de risco ardilosos ou empreendedores-disruptores – queremos lutar contra ela? Medidas similares de informacionalização – por meio das quais se despoja um problema de suas dimensões materiais e políticas, colocando-o simplesmente como uma questão de insuficiência ou atraso de informação – podem ser observadas em outras áreas. Max Levchin, um dos fundadores do PayPal, espera recorrer à aprendizagem automática e à mineração de dados para solucionar problemas de saúde. "A área da saúde é um grande problema informacional que vai se beneficiar da análise de dados e dos sensores portáteis", disse ele ao anunciar o Glow, um aplicativo para ajudar mulheres a engravidar. O Glow rastreia a atividade sexual da mulher (incluindo posições) e os ciclos menstruais e envia a ela vários alertas ("Início do período fértil!" ou "Uau! Você está ovulando!").

Levchin pode ter motivos nobres, mas, se a saúde – ou qualquer outra coisa – é só um "problema informacional", não estamos diante de uma questão a ser tratada com leviandade. Porém, o fato é que, em grande parte, o Vale do Silício já respondeu por nós a essa questão – e de modo afirmativo. Diante de qualquer problema, a solução magicamente apresentada, alguns aplicativos depois, é de cunho "informacional". Reformulado dessa maneira, o problema inevitavelmente leva à invocação dos dividendos da vigilância e de seus incontestáveis benefícios. Mas será que não deveríamos nos perguntar o que acontecerá se a saúde, a educação e a pobreza forem assumidas como problemas supostamente solucionáveis por meio da informação?

PROBLEMAS
E VIGILÂNCIA

A fascinação crescente com o potencial dos sistemas inteligentes de energia é outro exemplo eloquente dessa "informacionalização" na prática: reduzida a aplicativos, a termostatos e medidores inteligentes, a questão da energia é dissociada do vasto complexo de redes políticas e econômicas responsáveis por sua produção: ela é considerada apenas um problema de informação a ser solucionado pelos circuitos de retroalimentação onipresentes. Como a acadêmica australiana Yolande Strengers escreveu, em *Smart Energy Technologies in Everyday Life* [Tecnologias de energia inteligentes no cotidiano], os consumidores são concebidos como indivíduos "baseados em dados, ávidos por informações, conhecedores da tecnologia", ao mesmo tempo que o fornecimento de dados é visto como "o único meio pelo qual [se imagina que] atuam e se modificam".

O fato de existirem vias alternativas, não informacionais e mais políticas para lidar com a energia não é algo que saberíamos contemplando um medidor inteligente. Este não contribui muito para o conhecimento a respeito do consumo de energia, de modo que, como nota Strengers, "os consumidores passam a equiparar 'gerenciamento de energia' a 'gerenciamento de dados'". Mas o grau de instrução sobre energia não se restringe a um só fator de preferência individual e de retroalimentação; também requer alguma reflexão sobre padrões de eficiência energética, projetos de edificações, hábitos de consumo e práticas de resfriamento interno.

Ainda mais perturbador: os problemas que os dividendos da vigilância podem ajudar a resolver – mudanças climáticas, obesidade, pobreza – são cada vez mais crescentemente reformulados na linguagem da segurança nacional – e, uma vez completado esse passo retórico, o público atemorizado aceita até mesmo as medidas mais drásticas. Essa conexão com a segurança nacional não é exagerada: há cada vez mais estudos que procuram mostrar as ligações entre as mudanças climáticas e a probabilidade de guerras civis, o nível de pobreza, o grau de radicalização da juventude, e assim por diante: o complexo industrial-militar sabe como estender seus tentáculos a domínios aparentemente desmilitarizados.

LEIS DE LIBERDADE DA INFORMAÇÃO

Os proponentes dos dividendos da vigilância estão conscientes dessa ligação. Eis como Pentland associa aplicativos, saúde pública e questões de segurança nacional: "Um aplicativo num telefone poderia silenciosamente ficar atento a variações incomuns no comportamento e depois descobrir se elas configuram o surgimento de uma doença", escreve ele em *Social Physics*. Assim, "a capacidade de rastrear doenças como a gripe já no âmbito individual deveria nos proporcionar uma proteção efetiva contra epidemias, porque poderíamos tomar medidas para identificar os infectados antes que espalhem a doença". Dado que o paradigma de segurança ainda domina a maioria dos debates políticos em ambos os lados do Atlântico, tais argumentos certamente encontrarão apoio em todos os serviços de inteligência.

Assim, não há muito o que questionar sobre os benefícios dos dividendos da vigilância. Física social, estudo clínico randomizado controlado, *design* comportamental [*nudge*]:

nada disso é inútil. Os defensores dos dividendos da vigilância apresentam seus benefícios como evidentes e apolíticos: eles nos dizem que os problemas de informacionalização permitem que sejam ainda mais conhecidos e administrados. Mas não há nada de evidente ou apolítico nas ferramentas e métodos dos dividendos da vigilância. Na realidade, eles só veem o que lhes interessa e só sabem o que querem saber. O que em geral não sabem e não querem ver é sua própria política.

Vivemos em uma era de profunda assimetria epistêmica. A hipervisibilidade do cidadão como indivíduo – monitorado por todo tipo de dispositivo inteligente – é acompanhada da crescente hiperinvisibilidade de todos os outros agentes. Os governos continuam a classificar mais documentos, delegando suas funções a empresas privadas que não precisam se adequar às leis de liberdade de informação. As corporações semeiam a confusão sobre o impacto real de suas atividades, difundindo propositalmente a ignorância por meio do patrocínio de duvidosas pesquisas pseudocientíficas. Wall Street segue criando instrumentos financeiros tão obscuros que chegam a ser impermeáveis a qualquer esforço de entendimento.

O MERCADO

O movimento em prol dos dados abertos poderia enfrentar alguns desses obstáculos, mas, por enquanto, seu maior êxito foi conseguir a divulgação, pelos governos, de dados principalmente de utilidade econômica e social. Os dados políticos mais espinhosos continuam bem guardados. Não há "física social" para empresas financeiras como a Goldman Sachs ou o HSBC: não sabemos nada sobre as conexões entre suas subsidiárias e empresas fantasmas registradas em paraísos fiscais. Ninguém está conduzindo testes de controle aleatório para verificar como seria se tivéssemos menos lobistas. Quem orientará os militares dos Estados Unidos a gastar menos com drones e a transferir os recursos poupados aos pobres?

As ferramentas dos dividendos da vigilância funcionam apenas num nível: o do cidadão como indivíduo. Elas o tornam totalmente transparente e manipulável, criando um simulacro de "solução de problemas", ao mesmo tempo que permitem que governos e empresas persigam com liberdade os próprios projetos. Parafraseando Foucault, todos nos tornamos eminentemente rastreáveis e eminentemente suscetíveis a "fazer a melhor escolha". Nossos maus hábitos podem ser detectados, analisados e corrigidos em tempo real, dissolvendo muitos dos problemas que hoje sobrecarregam os serviços sociais. Assim, a noção de política como um empreendimento comunitário se metamorfoseia num espetáculo individualista e favorável ao consumidor, em que as soluções – que agora chamamos de aplicativos – são buscadas no mercado, e não na praça pública.

Essa individualização da política não nos surpreende, pois os métodos que nos proporcionaram os dividendos da vigilância abandonaram de propósito toda busca sistemática de fatores e causas de mudança social que transcendam o indivíduo. Ao trocar as explicações causais por uma capacidade de ação [*actionability*], seus proponentes abdicaram efetivamente da teoria e, portanto, têm de fingir ignorância ou ingenuidade toda vez que deparam com um problema que não pode ser facilmente reduzido à escolha individual. Será que de fato temos de realizar um experimento de controle aleatório para saber como os lobistas ou os banqueiros ocupam o seu dia? O mundo pode ser insanamente complexo – mas também constrangedoramente simples: as grandes empresas continuam a buscar lucros, os governos ainda querem erguer impérios burocráticos, os serviços de inteligência ainda querem se apropriar do poder. A "teoria" pode ter acabado, mas por que dispensar o óbvio? Sem dúvida, dispensar as explicações causais pode ser uma estratégia de negócios lucrativa. Um vendedor de carros pode lucrar sabendo que os veículos usados de cor laranja são mais seguros do que aqueles com cores comuns – uma correlação típica (e real) revelada por análises de Big Data – sem ter de explicar o motivo disso. No entanto, transferir esse modelo do campo dos negócios para o da política implica excessivas suposições sobre o escopo e o propósito desta, bem como sobre a distribuição da culpa entre seus responsáveis.

ENCOLHIMENTO DA IMAGINAÇÃO POLÍTICA

Certas questões simplesmente saem de cena quando, tal como se dá com as ferramentas e os métodos dos dividendos da vigilância, é adotada uma perspectiva individualista para tratar dos problemas sociais. Dentro do âmbito do que talvez seja a crítica mais incisiva da economia comportamental na área do desenvolvimento, o economista Sanjay G. Reddy salienta o quanto essa busca por soluções empíricas e baseadas em evidências esvazia os debates sobre problemas importantes. Ele escreve:

> As questões mais importantes, antes levantadas no âmbito da disciplina, relativas ao efeito de instituições e políticas econômicas alternativas (como aquelas referentes a regulamentações

imobiliárias, ou às políticas comercial, agrícola, industrial e fiscal, ou, ainda, ao papel dos mecanismos de proteção social) [...], foram relegadas a segundo plano em favor de outras, como a de saber se mosquiteiros impregnados de inseticida deveriam ser distribuídos gratuitamente, ou se o ensino é melhor com dois professores, em vez de um, na sala de aula.

Os dividendos da vigilância reduzem a política a ajustes de botões, como se a sociedade não passasse de um rádio a ser sintonizado. Pior ainda, quando a solução baseada em "informacionalização" está imediatamente disponível – o que acontecerá quando tudo estiver digitalizado e interconectado –, quem deseja uma solução não informacional enfrenta o ônus de provar que essa via menos eficiente é melhor do que recorrer de novo aos dividendos da vigilância.

No entanto, uma política feita por dispositivos inteligentes não é necessariamente uma política inteligente. Pouco tempo atrás, o *Wall Street Journal* publicou um artigo sobre um banheiro inteligente capaz de ser "sincronizado com o celular dos usuários [...] e tocar as músicas favoritas destes por alto-falantes embutidos no vaso sanitário". É trivial fazer com que esse vaso sanitário realize testes de controle aleatório, com base na "produção" dos usuários, para descobrir se a música os torna felizes e os leva a adotar uma dieta mais saudável. O fato de esse aparelho poder tornar-se plausivelmente um instrumento de políticas contemporâneas – visando, por exemplo, desencadear uma epidemia de bem-estar – é um testemunho lamentável do encolhimento de nossa imaginação política.

CATÁSTROFE INFORMACIONAL: O CUSTO DA HIPOCRISIA[6]

Edward Snowden revelou que o problema com a superpotência doente e obsessiva é que ela não consegue pronunciar a frase essencial para seguir em frente: "Meu nome é Estados Unidos e sou viciado em dados". Para os espiões americanos, o Big Data é como o *crack*: bastam poucas doses para que se esqueça da tentativa de retomar o bom caminho e abandonar o vício. Sim, há uma ilusão inicial de grandeza e onipotência narcisista – veja, podemos evitar outro Onze de Setembro! –, mas um cérebro mais desalienado sem dúvida notaria que se trata de alguém com o juízo gravemente comprometido. Impedir outro Onze de Setembro? Quando dois garotos viciados em mídias sociais podem explodir uma bomba no meio da maratona de Boston? Sério? Todos esses dados, todo esse sacrifício – e para quê?

Assim, não há como deixar de falar no vício da vigilância que tomou conta dos Estados Unidos. Trata-se de algo bem real, com consequências, e, para o resto do mundo, o melhor seria enviar esse país para uma clínica de reabilitação para dependentes de Big Data. Ainda há, porém, outras lições a tirar do caso Snowden. Com ele, também desmoronaram vários mitos apenas tangencialmente associados ao tema da vigilância: mitos sobre os supos-

6 Originalmente publicado como "The Price of Hypocrisy". *Frankfurter Allgemeine Zeitung*, Frankfurt, jul. 2013.

tos benefícios de uma infraestrutura digital descentralizada e operada comercialmente, mitos sobre o estado atual da geopolítica mediada pela tecnologia, sobre a existência de um domínio separado conhecido como "ciberespaço". Devemos fazer um balanço para ver onde estamos e refletir sobre aonde chegaremos em breve, sobretudo se não conseguirmos confrontar – em termos jurídicos, mas também, o que é mais importante, em termos intelectuais – as inúmeras tentações do consumismo informacional.

POR QUE ABDICAR DO CONTROLE DAS COMUNICAÇÕES ELETRÔNICAS?

Antes de tudo, muitos europeus finalmente se deram conta, para sua grande consternação, de que a palavra "nuvem" em "computação na nuvem" [*cloud computing*] é apenas um eufemismo para "algum *bunker* escuro em Idaho ou Utah". Borges, se tivesse vivido tempo suficiente, certamente escolheria uma sala de servidores – e não uma biblioteca – como o local dos seus relatos surrealistas. O que é um banco de dados maior do que o mundo: um conto de Borges ou uma apresentação de PowerPoint da NSA? Não se pode responder com certeza.

Segundo, ideias que pareciam bobas de repente se mostram sensatas. Apenas algum tempo atrás, era costume zombar de iranianos, russos e chineses que, com sua desconfiança automática de tudo o que é americano, falavam a língua bizarra da "soberania da informação". O quê? Os iranianos querem construir um sistema nacional de correio eletrônico a fim de diminuir a dependência em relação ao Vale do Silício? Para muitos europeus, essa perspectiva parecia ao mesmo tempo fútil e equivocada: que desperdício tolo de recursos! Como é possível querer competir com o Gmail, com seus *chats* de vídeo modernos e seu *design* elegante? Os europeus não haviam tentado – em vão – lançar um mecanismo próprio de busca? Construir aviões capazes de competir com os produtos da Boeing é uma coisa; mas um sistema de e-mail? Ora, isso é algo que a Europa – e muito menos o Irã! – jamais conseguiria colocar em prática.

Agora veja quem está rindo: o sistema nacional de e-mail do Irã foi lançado há algumas semanas. Claro que, em parte, os iranianos querem um sistema próprio para que possam desativá-lo durante protestos e também para espionar a sua população. Ainda assim, acertaram no alvo em termos geopolíticos: a excessiva dependência em relação à infraestrutura de comunicações estrangeira não contribui em nada para reforçar a soberania de um país. Se não é conveniente deixar que outro país administre a sua empresa de correio, por que abdicar do controle das comunicações eletrônicas?

A PARCERIA PÚBLICO-PRIVADA DA INFRAESTRUTURA AMERICANA

Terceiro, o sentimento de vitória inabalável que a sociedade civil experimentou, tanto na Europa como nos Estados Unidos, com a derrota do programa Total Information Awareness – um esforço muito anterior para estabelecer um sistema abrangente de vigilância –, revelou-se prematuro. O problema com o Total Information Awareness estava no fato de ser muito grande, muito chamativo, muito dependente da burocracia estatal. Uma década depois, o que recebemos é um sistema bem mais ágil, mais enxuto, mais descentralizado, administrado pelo setor privado e viabilizado por um contrato social entre o Vale do Silício e Washington: enquanto as empresas de tecnologia operam, atualizam e monetizam a infraestrutura digital, a NSA desfruta de todo o acesso que quiser à tecnologia da informação. Todo mundo se especializa e todo mundo ganha.

Eis os Estados Unidos de hoje em seu pleno esplendor: o que não se pode fazer por meio de uma legislação controversa acaba sendo feito mediante privatização, mas com muito menos supervisão e controle público. De prestadores de serviços de saúde particulares, passando por prisões, até milícias privadas enviadas a zonas de guerra, esse é o modelo de parceria público-privada que atualmente viabiliza grande parte da infraestrutura americana. O setor de comunicações não é exceção. A descentralização só é emancipadora quando não existe alguém poderoso que se apropria dos benefícios assim que a rede é posta a funcionar. Quando há alguém desse tipo – como, no caso, a NSA –, então a descentralização não passa de um *slogan*. Os detentores do poder obtêm mais do que querem, com mais facilidade – e ainda pagam menos pelo privilégio.

UMA MISSÃO NOBRE E UMA PÉSSIMA CAPACIDADE DE PLANEJAMENTO DE VIAGEM

Em quarto lugar, a ideia de que a digitalização abriu as portas para um novo mundo, onde não se aplicam mais as boas e velhas regras da Realpolitik, mostrou-se uma ilusão. Não se trata de uma área restrita que dá origem a uma nova variedade de poder "digital"; há apenas um mundo, um poder, com os Estados Unidos no comando. Eric Schmidt, o CEO do Google, e Jared Cohen, oficial sênior aposentado do Departamento de Estado que agora trabalha no Google, tiveram a infelicidade de publicar um livro, *A nova era digital*, em que nos asseguram que esse não era mais o caso exatamente alguns meses antes das revelações de Snowden. Poucos livros se tornaram obsoletos com tanta rapidez. Basta procurar no índice desse livro o item "requerentes de asilo na internet". "Um dissidente que não pode viver livremente sob uma internet autocrática e que tem o acesso recusado na internet de outros estados vai buscar asilo físico em outro país, a fim de desfrutar da liberdade virtual em sua internet", afirmam os autores. "A concessão de asilo virtual poderia ser um primeiro passo significativo para o asilo físico, um sinal de confiança sem o comprometimento total."

A ingenuidade contundente de afirmações como essa – baseada na suposição de que, de alguma maneira, alguém possa "viver" *on-line* tal como vive no mundo real e de que a política virtual opera com uma lógica distinta daquela vigente na política regular – é ilustrada pelo triste caso de Edward Snowden, um homem com uma missão nobre e uma péssima capacidade de planejamento de viagem. Se Snowden procura um "asilo virtual", ele pode obter sua dose de "liberdade virtual" no aeroporto de Sheremietevo, em Moscou. De algum jeito, porém, "liberdade virtual" não lhe parece suficiente e não lhe ocorreu – talvez por ainda não ter lido o livro? – solicitar um "asilo virtual". Evo Morales, da Bolívia, encalhado na Áustria por suspeita de que Snowden estivesse em seu avião, teria dado boas risadas se tivesse topado com *A nova era digital* numa livraria do aeroporto de Viena. Talvez, se Morales tivesse *tuitado* de maneira mais incisiva, nada disso teria acontecido.

SEGURANÇA E PRIVACIDADE DA REDE TELEFÔNICA

Quinto, o mito outrora poderoso de que existe um espaço virtual separado, onde se podem ter mais privacidade e independência das instituições sociais e políticas, está morto. Para entender isso, basta ver o memorando da Microsoft divulgado depois que o jornal *The Guardian* informou que a NSA pode ter registrado conversas e videochamadas pelo Skype (agora pertencente à Microsoft). Oculta na evasiva da Microsoft está uma frase muito peculiar. Ao justificar a necessidade de tornar seus produtos digitais compatíveis com as necessidades dos órgãos de inteligência, o consultor jurídico da Microsoft comentou que, "no futuro, com o aumento das comunicações por voz e vídeo conectadas à internet, é evidente que os governos terão interesse em lançar mão de (ou estabelecer) recursos legais para garantir acesso a esse tipo de conteúdo a fim de investigar crimes ou combater o terrorismo. Portanto, assumimos que todas as chamadas, sejam pela internet, sejam por telefone fixo ou celular, vão oferecer os mesmos níveis de privacidade e segurança". Leia novamente: eis aí um executivo graduado da Microsoft argumentando que tornar menos seguras as novas formas de comunicação é inevitável – e provavelmente uma coisa boa.

Durante grande parte da década de 1990, todos achavam que a digitalização levaria à chamada "convergência": sem sombra de dúvida, uma coisa boa no que diz respeito à segurança. Assim, prosseguia o raciocínio, à medida que se mudam para uma única rede, as formas antigas de comunicação – o velho e bom telefone e similares – acabariam se tornando tão seguras quanto o e-mail criptografado. Mas, na verdade, seguimos na direção oposta. O que temos hoje é uma única rede – até aí como previsto –, mas nela a segurança e a privacidade voltaram ao nível da rede telefônica. O telefone – e-mail não criptografado – é que virou o denominador comum, pelo menos quando se trata da possibilidade de escutas. De fato, houve convergência – não fomos enganados! –, porém, milagrosamente, as tecnologias convergiram para a opção menos segura e mais favorável à interceptação das mensagens.

OS USUÁRIOS EM ESTADOS AUTORITÁRIOS SOFRERÃO MAIS

As implicações disso são desastrosas para quem vive em regimes ditatoriais. Ao desenvolver programas intrinsecamente inseguros, a Microsoft e seus pares turbinam os já abrangentes esquemas de espionagem mantidos por governos autoritários. O que nem a NSA nem os governos eleitos parecem entender é que, em questões de infraestrutura digital, a política interna também é política externa; não há como abordá-las isoladamente. Então, nosso objetivo é capturar todos os terroristas antes de nascerem? Tudo bem, o Big Data – e também os grandes *bugs* em nossos *software* e *hardware* – está aqui para nos ajudar. Mas não podemos esquecer que isso ajudaria igualmente os governos da China e do Irã a identificar e prender futuros dissidentes. Não há como construir uma infraestrutura de comunicação insegura e esperar que sirva apenas aos países ocidentais.

Isso nos leva à consequência mais problemática das revelações de Snowden. Por pior que seja a situação para os europeus, aqueles que mais sofrem são os usuários em Estados autoritários. E não por serem alvos da vigilância americana, mas da censura interna. Como? O já mencionado empenho em prol da "soberania da informação", por parte da Rússia, da China ou do Irã, envolveria bem mais do que apenas proteger os seus cidadãos da vigilância norte-americana. Também desencadearia um esforço agressivo para mudar a comunicação pública entre esses cidadãos – que, em grande medida, ainda ocorre no Facebook e no Twitter – para os equivalentes nacionais desses serviços.

WASHINGTON, EM VEZ DE CULPAR, DEVERIA AGRADECER A SNOWDEN

Os governos autoritários têm bons motivos para temer o Twitter e o Facebook, sobre os quais exercem muito menos controle. Provavelmente, não é coincidência que o LiveJournal, a plataforma favorita da Rússia, de repente teve problemas de manutenção – e, portanto, ficou fora do ar – no exato momento em que um tribunal russo anunciava seu veredicto ao conhecido blogueiro e ativista Alexei Naválny. Apesar de todas as preocupações com a influência e a vigilância americanas, os serviços dos Estados Unidos, como o Facebook ou o Twitter, continuam a oferecer uma proteção melhor para a liberdade de expressão do que os equivalentes russos, chineses ou iranianos. Os últimos censuram mais e, como mostra o exemplo do LiveJournal – que pertence a um oligarca russo –, podem ficar *off-line* em momentos politicamente convenientes. Se, como dissidente político, você tivesse que escolher entre organizar seu protesto por meio do Facebook ou do Vkontakte, o equivalente russo do Facebook, seria muito melhor que fizesse isso no Facebook. Com certeza, os governos de regimes menos democráticos exploram o populismo antiamericano despertado pelas revelações de Snowden a fim de deixar aos opositores apenas uma opção – nacional – de plataforma.

Esta é a verdadeira tragédia da "agenda pela liberdade na internet" dos Estados Unidos: os dissidentes da China e do Irã é que vão pagar pela hipocrisia que a impulsionou desde o início. Os Estados Unidos conseguiram promover seus interesses na área da comunicação apresentando-se como campeões da ética e usando termos ambíguos como "liberdade na internet" para esconder contradições profundas em suas próprias políticas. Em matéria de "liberdade na internet" – a promoção da democracia rebatizada com um nome mais atraente –, os Estados Unidos gozavam de certa legitimidade, pois alegavam não adotar os tipos de vigilância que condenavam na China ou no Irã. Da mesma maneira, em questões de ciberataques, os americanos podiam criticar a espionagem cibernética da China ou os ataques cibernéticos do Irã, pois asseguravam ao mundo que eles mesmos não faziam nada disso.

Ambas as declarações eram comprovadamente falsas, mas a falta de indícios conclusivos permitiu que os Estados Unidos continuassem a exercer sua influência por algum tempo. Isso chegou ao fim. A retórica da "agenda pela liberdade na internet" parece tão confiável quanto, depois de Abu Ghraib, a "agenda pela liberdade" de George Bush. Washington terá de reconstruir suas políticas do zero. Porém, em vez de culpar Snowden, Washington deveria agradecer. Ele apenas expôs os fundamentos precários de políticas insustentáveis. Seja como for, tais políticas, elaboradas com base em termos ambíguos e nebulosos, como "liberdade na internet" e "guerra cibernética", nunca teriam sobrevivido às complexidades da política global.

TODOS OS OBJETOS E APARELHOS FICAM "INTELIGENTES" E SE CONECTAM

O que fazer, então? Vamos começar pela vigilância. Até agora, a maioria dos políticos europeus alcançou somente o fruto mais acessível – a legislação –, considerando que, se conseguirem regulamentar melhor as empresas americanas – por exemplo, obrigando-as a divulgar em que condições e volume compartilham dados com a NSA –, o problema será solucionado. Essa é uma visão bastante limitada e ingênua, que reduz um problema filosófico gigantesco – o futuro da privacidade – às dimensões aparentemente manejáveis das normas relativas à proteção dos dados. Ah, se as coisas fossem assim tão simples!

Nossos problemas atuais começam no plano da ideologia, e não no das políticas ruins ou de sua implementação deficiente. Não se trata aqui de oposição a uma regulamentação maior das empresas de tecnologia – o que a Europa deveria ter feito uma década atrás, em vez de ficar presa à retórica inebriante da "computação na nuvem" –, mas apenas de apontar que a tarefa exige muito mais intelectualmente.

Vamos supor, por um instante, que a Europa imponha às empresas de tecnologia americanas todas as leis que considera necessárias. É uma hipótese muito improvável – principalmente se considerarmos a crescente força de *lobby* dessas empresas em Bruxelas –, mas vamos esquecer isso por enquanto. O que vai acontecer daqui a cinco anos, quando todos os aparelhos e utensílios domésticos se tornarem "inteligentes" – ou seja, quando passarem a contar com um sensor barato, mas sofisticado – e se conectarem uns aos outros e à internet? Muitos desses utensílios já estão no mercado e muitos outros chegarão lá em breve: garfos inteligentes que monitoram a velocidade com que comemos; escovas inteligentes que monitoram a frequência com que escovamos os dentes; sapatos inteligentes que nos informam quando estão prestes a se desgastar; guarda-chuvas inteligentes que verificam quando vai chover e nos avisam para levá-los conosco ao sair de casa. E então, claro, há o celular inteligente no nosso bolso e – logo mais – os óculos Google Glass adornando o nosso rosto.

Todos esses objetos são capazes de gerar um rastro de dados. Quando as informações originárias de vários desses objetos são recolhidas e combinadas, é possível – ao menos funcionalmente – gerar as mesmas inferências e previsões obtidas pela NSA ao registrar nossas comunicações por e-mail ou celular. Em outras palavras, a NSA pode descobrir a localização exata de uma pessoa por meio do monitoramento do seu celular – ou do recolhimento de dados dos seus sapatos ou do seu guarda-chuva inteligente. Da mesma forma, não é necessário instalar uma câmera de segurança em sua cozinha para saber o que você está comendo: basta acessar a escova de dente inteligente em seu banheiro ou a lixeira inteligente em sua cozinha. Se não considerarmos esses novos dispositivos de escuta em nosso cálculo jurídico, não há sentido em construir o sistema de e-mail ou a rede de telefonia móvel mais seguros do mundo: a NSA conseguirá os dados necessários para continuar com seu trabalho por outros meios mais criativos.

A NSA pode até mesmo comprar recursos da tecnologia da informação no mercado aberto. Alguns rejeitam tais preocupações, argumentando que a comunicação por e-mail tem um caráter muito particular para ser vendida como se fosse apenas mais uma mercadoria. Sem dúvida. No entanto, pouco nos importamos quando um algoritmo do Google vasculha nosso e-mail para nos apresentar um anúncio. É esse anúncio personalizado – baseado em análises e classificações automatizadas em tempo real – que permite que o sofisticado (e bastante caro) sistema de e-mail do Google seja gratuito. Vale notar que é esse acordo tácito – de que o Google pode usar um algoritmo para analisar nossas comunicações por e-mail e nos vender os anúncios adequados – que mantém nossa comunicação por e-mail gratuita e acessível à NSA. O Google poderia facilmente ter escolhido criptografar nossas comunicações, tornando-as indecifráveis por seus próprios algoritmos, impedindo assim o acesso a esses dados tão cobiçados por ele mesmo e pela NSA. Mas aí o Google não poderia nos oferecer um serviço gratuito. E quem ficaria feliz com isso?

AS LEIS NÃO SERÃO DE MUITA AJUDA

À medida que nossos aparelhos e objetos deixam de ser analógicos e passam a ser "inteligentes", esse modelo do Gmail vai se difundir por todos os lados. Uma parcela de modelos de negócio vai nos prover com aparelhos e objetos gratuitos ou eles custarão uma fração do custo real. Em outras palavras, você recebe de graça uma escova de dente inteligente, mas, em troca, permite que ela colete dados sobre como é usada. São esses dados que financiarão o custo da escova. Ou, no caso de aparelhos com telas ou alto-falantes, você poderá ver ou ouvir um anúncio personalizado com base no uso do dispositivo, e é esse anúncio que financiará o custo. Esse é, por exemplo, o modelo já adotado pela Amazon no Kindle, o leitor de *e-books*: para aqueles que querem uma opção mais barata, a contrapartida é ter anúncios nas telas. O perfeito pacto faustiano da Amazon seria o de nos oferecer de graça um leitor de *e-books*, juntamente com acesso gratuito e instantâneo a todos os livros do mundo; em troca, aceitaríamos que a empresa analisasse tudo o que lemos e nos apresentasse anúncios publicitários com base nessa informação.

Sob um modelo um pouco diferente – já oferecido por *startups* conhecidas como "cofres de dados pessoais" [*personal data lockers*] –, você mesmo pode ganhar dinheiro vendendo esses dados – e não só aqueles coletados pela escova de dente, mas por qualquer objeto inteligente com o qual interaja: seu carro, sua mesa, sua lixeira. Uma dessas *startups*, a Miinome, permite até que você ganhe dinheiro colocando *on-line* o seu código genético; sempre que uma empresa de terceiros a acessa, talvez para personalizar a publicidade ou usar os dados em algum experimento de Big Data, você recebe um pequeno pagamento. Em suma, a capacidade que temos de instalar sensores e conectividade com a internet em praticamente tudo, incluindo o nosso corpo, também torna possível mercantilizar tudo e atribuir um preço às informações associadas ao contexto de seu uso. Os sensores e a conectividade onipresente ajudam a criar novos mercados líquidos para essas informações, permitindo que os cidadãos monetizem o automonitoramento.

Se esse é, de fato, o futuro para o qual caminhamos, é óbvio que as leis não serão muito úteis, uma vez que os cidadãos optariam voluntariamente por tais transações – da mesma maneira que já optamos por e-mails gratuitos (monitoráveis) e leitores de e--books mais baratos (mas financiados por anúncios). Os espiões da NSA terão duas opções: solicitar acesso aos dados acumulados pelas empresas que fabricam todos esses objetos inteligentes – de sapatos a escovas de dente inteligentes – ou comprar essas informações no mercado aberto – já que esses dados acabariam sendo comercializados – por nós mesmos, os cidadãos. Ou seja, o que agora é obtido por meio de intimações e ordens judiciais poderia ser inteiramente coletado por intermédio de transações comerciais.

A LÓGICA
DO MERCADO
SUBSTITUIU
A MORALIDADE

Os formuladores de políticas que acham que as leis podem impedir essa mercantilização da informação estão iludidos. Essa mercantilização não se dá à revelia dos cidadãos comuns porque essa é a vontade do cidadão-consumidor comum. Basta ver os casos do e-mail do Google e do leitor Kindle, da Amazon, para constatar que ninguém está sendo forçado a usá--los: as pessoas fazem isso de boa vontade. Vamos deixar as leis de lado: somente por meio do ativismo político e de uma vigorosa crítica intelectual da própria ideologia do "consumismo da informação" subjacente a essas aspirações poderemos prevenir o inevitável desastre.

Por onde começar essa crítica? Inicialmente, deve-se traçar um paralelo que talvez pareça esquisito: a mudança climática. Durante grande parte do século XX, assumimos que o uso da energia tinha um preço correto e que estava de acordo apenas com o seguinte paradigma, por parte do consumidor: "Posso usar tanta energia quanto puder pagar". Não havia, nesse paradigma, nenhuma ética associada ao uso da energia: a lógica de mercado substituía a moralidade. Foi bem isso o que permitiu rápidas taxas de crescimento econômico e a proliferação de aparelhos que transformaram as residências em paraísos eletrônicos libertos da labuta exaustiva das tarefas domésticas. Entretanto, como descobrimos na última década, esse paradigma se baseava na poderosa ilusão de que o preço da energia estava corretamente determinado – que de fato estávamos pagando o que era razoável. (O esquema de troca de créditos de carbono foi concebido para corrigir esse problema – antes de entrar em colapso.)

NÃO É POSSÍVEL IMAGINAR COM FACILIDADE A CATÁSTROFE INFORMACIONAL

Claro que não havíamos precificado corretamente nosso uso de energia, pois jamais havíamos levado em conta a possibilidade de que a vida na Terra acabaria, ainda que conseguíssemos equilibrar todos os fatores econômicos. Portanto, agora, a nossa escolha sobre que carro comprar ou que lâmpada usar na sala de estar deixou de ser uma decisão afetada apenas por nossa capacidade de pagar pela eletricidade: também é uma decisão ética que todos tomamos para o nosso próprio bem (aparentemente, sem muito sucesso). O importante aqui é que, em parte por causa do triunfo das campanhas dos ambientalistas, um conjunto de decisões puramente racionais e baseadas no mercado adquiriu de repente relevância política, o que resultou na mudança do *design* dos carros, no hábito de apagar as luzes quando não há ninguém na sala, e assim por diante. Também produziu cidadãos que – pelo menos em teoria – são estimulados a pensar em implicações que extrapolam a sua capacidade de pagar a conta de eletricidade.

Ainda que isso pareça um paralelo estranho para o compartilhamento de informações, na verdade não o é. Atualmente, a escolha de comprar uma escova de dente inteligente e dotada de sensor – e, depois, aquela de vender os dados por ela gerados – nos é apresentada como uma escolha estritamente comercial que não afeta ninguém além de nós. Mas isso acontece apenas porque não podemos imaginar uma catástrofe informacional com a mesma facilidade com que o fazemos em relação a uma catástrofe ambiental. O fato é que nos tornamos péssimos distópicos – e nossos intelectuais tecnófilos, apaixonados pelo Vale do Silício e por termos como "inovação", são em parte culpados. Contudo, o fato de a catástrofe ocorrer em câmera lenta e não ser tão fácil de visualizar não a torna menos catastrófica!

CONSEQUÊNCIAS POLÍTICAS E MORAIS DO CONSUMISMO INFORMACIONAL

Precisamos de uma imagem mais nítida e impactante do apocalipse informacional que nos espera, num mundo em que os dados pessoais são comercializados como café ou qualquer outra mercadoria. Vamos considerar o argumento repetido exaustivamente sobre os benefícios de trocar os dados por alguma vantagem comercial tangível. Por exemplo, você instala um sensor no carro para provar à companhia de seguros que dirige com muito mais cuidado do que o motorista médio, aquele que costuma ser levado em conta na hora de se estabelecer o preço das apólices. Ótimo: se você é um motorista mais cuidadoso do que a média, acaba pagando menos. Mas o problema das médias é que metade da população sempre fica abaixo delas. E é inevitável, independentemente de essas pessoas estarem ou não dispostas a ser monitoradas, que essa outra metade será forçada a pagar mais pelo seguro, pois, ainda que os mais cuidadosos aceitem o monitoramento, a maioria das instituições sociais pode supor (com razão) que aqueles que o recusam têm algo a esconder. Nesse modelo, as implicações da decisão de negociar os dados pessoais não se restringem mais aos âmbitos do mercado e da economia; elas recaem também sobre o domínio da ética. Se a minha decisão de compartilhar os dados pessoais em troca de um dinheirinho fácil vai prejudicar e privar alguém de oportunidades, então há um fator ético a ser considerado – e não bastam os critérios econômicos.

Tudo isso significa que há profundas consequências políticas e morais no consumismo informacional, consequências comparáveis às do consumismo energético em alcance e importância. Salientar e realçar essas consequências é a principal tarefa que cabe aos intelectuais e aos partidos políticos. Devemos nos empenhar ao máximo para sustar a aparente normalidade econômica do compartilhamento de informações. Não basta dizer "É apenas um negócio!". O compartilhamento de informações talvez seja o polo de um mercado vibrante, mas não conta com um enquadramento ético. Mais de três décadas atrás, Michel Foucault revelou-se presciente ao afirmar que o neoliberalismo transformaria todos nós em "empreendedores de si", porém não podemos esquecer que o empreendedorismo também tem suas desvantagens: como a maioria das atividades econômicas, tem efeitos colaterais negativos, desde a poluição até o ruído. E o empreendedorismo voltado para o compartilhamento de informações não é exceção.

PRECISAMOS RESSALTAR OS TEMAS "DIGITAIS"

Por mais que os políticos europeus tentem impor as leis que querem, o problema persistirá enquanto o espírito consumista predominar e as pessoas não tiverem uma explicação ética clara a respeito do motivo pelo qual não deveriam se beneficiar do comércio dos seus dados. A vigilância da NSA, Big Brother, Prism: tudo isso é importante. Mas igualmente importante é nos concentrarmos no horizonte mais amplo – e, nesse horizonte, o que deve ser investigado é o próprio consumismo informacional – e não só naquelas partes do complexo militar--industrial responsáveis pela vigilância. Enquanto não houver uma boa explicação do motivo por que um dado não deveria ser negociado no mercado, não há como nos empenharmos em resguardá-lo da NSA, pois, mesmo sob leis mais rígidas, os serviços de inteligência simplesmente comprariam – no mercado aberto – aquilo que hoje conseguem por meio de programas sigilosos como o Prism.

Alguém poderia sugerir aqui que talvez pudéssemos ter um partido digital, semelhante ao Partido Verde, mas voltado para todos os assuntos digitais. Seria difícil incorrer em equívoco maior. É um erro imaginar que todas essas questões digitais possam ser rotuladas e delegadas aos jovens inteligentes que sabem programar. Essas "questões digitais" são de fundamental importância para o futuro da privacidade, da autonomia, da liberdade e da própria democracia. São questões que devem ser relevantes para todos os partidos políticos. Quando um partido político importante abdica da sua responsabilidade em relação ao "digital", ele está abdicando da sua responsabilidade em relação ao futuro da própria democracia.

Precisamos ressaltar os temas "digitais", embora eles não estejam num gueto, nas mãos e nos programas dos partidos piratas ou de outros que venham a aparecer no futuro. Não podemos mais tratar a internet apenas como outro domínio – como, por exemplo, a "economia" ou o "meio ambiente"

– e esperar que seja possível desenvolver um conjunto de competências relativas a ele. Em vez disso, necessitamos de assuntos mais palpáveis – "privacidade" ou "subjetividade", para superar a ideia da rede. Temos de pôr de lado os objetivos ambíguos como "liberdade na internet" porque se trata de uma ilusão que não vale a pena perseguir. O que nos compete agora é criar ambientes nos quais a verdadeira liberdade ainda possa ser fomentada e preservada.

UMA AMEAÇA MUITO MAIS PERIGOSA PARA A DEMOCRACIA DO QUE A NSA

O trágico erro de cálculo dos partidos piratas foi tentarem fazer demais: queriam mudar tanto o processo como o conteúdo da política. Era um projeto tão ambicioso que estava fadado ao fracasso desde o começo. Além disso, a própria utilidade política de mudar o processo – seja um impulso para mais participação ou mais transparência nas reuniões legislativas – é questionável. As reformas defendidas pelos partidos piratas não pareciam resultados de longas reflexões críticas sobre as armadilhas do atual sistema político, e sim da convicção de que o sistema político, incompatível com as plataformas digitais de maior sucesso, da Wikipedia ao Facebook, deveria ser remodelado à imagem deles. Isso era – e continua sendo – um absurdo. Um parlamento é, de fato, diferente da Wikipedia, e o sucesso dela não nos diz absolutamente nada sobre a viabilidade de ser um modelo para reformular nossas instituições políticas (sem entrar em detalhes, os parlamentos estão longe de ser perfeitos, como vimos durante a crise financeira). Mas uma coisa boa devemos aos piratas: o estímulo para que todos comecem a pensar sobre as questões digitais e sobre o impacto delas no futuro da democracia. Essa é a parte do conteúdo, e não do processo. Embora seja bom que esse projeto continue, talvez coubesse uma reorientação: em vez de visar ao falso objetivo da "liberdade na internet", preocupar-se mais em preservar as liberdades reais.

Pelo fato de ter nos obrigado a confrontar essas questões, o caso Snowden foi benéfico para a democracia. Vamos admitir: a maioria de nós preferiria não pensar nas implicações éticas das escovas de dente inteligentes, ou na hipocrisia implícita na retórica ocidental em relação ao Irã, ou na subserviência que cada vez mais líderes europeus demonstram diante do Vale do Silício e de sua linguagem medonha e nefasta, o siliconense. O mínimo que podemos fazer é reconhecer que a crise é muito mais profunda e decorre de causas tanto intelectuais como jurídicas. O consumismo informacional, assim como seu irmão mais velho, o consumismo energético, é uma ameaça muito mais perigosa para a democracia do que a NSA.

EFEITOS COLATERAIS DOS ALGORITMOS PARA A CULTURA DEMOCRÁTICA[7]

Não é preciso temer as máquinas, à maneira do *Exterminador do futuro*, para se preocupar com a sobrevivência da democracia em um mundo dominado pela Inteligência Artificial (IA). No fim das contas, a democracia sempre teve como alicerces os pressupostos de que o nosso conhecimento do mundo é imperfeito e incompleto; de que não há resposta definitiva para grande parte das questões políticas; e de que é sobretudo por meio da deliberação e do debate que expressamos nossa aprovação e nosso descontentamento.

Em certo sentido, o sistema democrático tem se mostrado capaz de aproveitar nossas imperfeições da melhor maneira: uma vez que de fato não sabemos tudo, e tampouco podemos testar empiricamente todas as nossas suposições teóricas, estabelecemos certa margem de manobra democrática, uma folga política, em nossas instituições, a fim de evitar sermos arrastados pelos vínculos do fanatismo e do perfeccionismo.

Agora, novas melhorias na IA, viabilizadas por operações massivas de coleta de dados, aperfeiçoadas ao máximo por grupos digitais, em especial no Vale do Silício,

7 "From the Politics of Causes to the Politics of Effects: The Adverse Effects of AI on Democratic Culture", conferência proferida no National Geographic Festival delle Scienze, Roma, abr. 2018.

contribuíram para a retomada de uma velha corrente positivista do pensamento político. Extremamente tecnocrata em seu âmago, essa corrente sustenta que a democracia talvez tenha tido a sua época, mas hoje, com tantos dados à nossa disposição, afinal estamos prestes a automatizar e simplificar muitas daquelas imperfeições que haviam sido – deliberadamente – incorporadas ao sistema político.

Dessa forma, podemos delegar cada vez mais tarefas a algoritmos que, avaliando os resultados de tarefas anteriores e quaisquer alterações nas predileções individuais e nas curvas de indiferença, se reajustariam e revisariam suas regras de funcionamento. Alguns intelectuais proeminentes do Vale do Silício até exaltam o surgimento de uma "regulação algorítmica", celebrando-a como uma alternativa poderosa à aparentemente ineficaz regulação normal.

Nessa leitura, avanços adicionais de inteligência artificial poderiam apenas acelerar nossa marcha rumo a um tipo de política mais enxuto e eficiente, em que os cidadãos, já constantemente monitorados pela Internet das Coisas ou pelos inúmeros sensores da "cidade inteligente", seriam automaticamente informados sobre as questões políticas e cívicas de seu interesse, bem como receberiam lembretes frequentes sobre eventos e novidades relacionados a suas comunidades.

A Amazon tem a Alexa, a Microsoft tem a Cortana, a Apple tem a Siri, e o Google tem o Google Assistente: todos movidos por IA e baseados em alguma forma avançada de coleta de dados relativa a nossas preferências e necessidades. Não seria possível desenvolver um sistema semelhante que elimine da política o trabalho árduo, reduzindo os custos transacionais na busca de informações civis relevantes e, com isso, diminuir significativamente as barreiras à participação na vida pública?

No mesmo sentido, não seria possível tirarmos proveito dos inúmeros sensores que carregamos normalmente – incluindo os dos celulares – para que ficássemos sempre à espreita dos possíveis problemas prejudiciais ao nosso bairro, à nossa cidade e, talvez, ao nosso país? Será que precisamos mesmo que as pessoas relatem cada buraco que encontram ao dirigir? Provavelmente não – e é por isso que algumas cidades, como Boston, por exemplo, desenvolveram instrumentos capazes de automaticamente detectar e informar a existência desses buracos, claro que por meio dos nossos celulares, enquanto trafegamos pelas ruas.

Hoje, parece que até mesmo a virtude, o tema perene de tantas discussões filosóficas sobre filósofos, pode ser automatizada, com sensores e algoritmos que tomam o lugar dos nossos perfis políticos e decidem fazer a coisa certa quando nós mesmos poderíamos ter hesitado, no mínimo porque não temos tempo nem disposição para informar alguém a respeito de cada buraco ou farol quebrado em nosso município.

Agora, o que há para dizer sobre o impacto político de tais medidas na qualidade – e sobretudo na profundidade – da nossa cultura democrática? A imperfeição que existia no cerne de nosso sistema democrático pré-algorítmico e pré-IA acarretava muitos efeitos colaterais invisíveis, muitos deles benéficos. Como não havia uma única causa responsável pelo atual estado de coisas e a secularização garante que não se pode confiar nem mesmo nos velhos dogmas religiosos para explicar o funcionamento do mundo, a expectativa era de que os cidadãos narrassem a origem de seus problemas – e não havia resposta correta nem nível de análise mais adequado para obter uma explicação causal desses problemas.

Por que, afinal, há buracos nas ruas? Talvez o departamento municipal responsável não tenha realizado com eficiência seu trabalho. Bem, a nossa investigação poderia parar aqui, mas geralmente não é o que acontece, e tentamos entender por que o referido departamento não cumpriu com suas obrigações. Talvez isso se deva ao famoso fator humano, ou então a uma série de outras coisas: por exemplo, cortes no orçamento municipal, quer como consequência de algum choque externo – uma crise financeira –, quer como resultado de queda da receita tributária.

Este último fator, por sua vez, pode nos levar a pensar além e mais profundamente sobre as virtudes e os vícios do sistema tributário atual e, quem sabe, até mesmo buscar esclarecimentos junto a nossos representantes eleitos sobre o que acham dessa questão. Um simples buraco na rua, portanto, poderia ser uma maneira fantástica de aprender sobre política.

Agora, a "regulação algorítmica" orientada por inteligência artificial procura encurtar esse processo, postulando que as pessoas não dispõem de tempo para isso ou que os vários níveis de causalidade não resultam em programas viáveis – tome-se por "viável" aquilo que é atualmente possível no restrito, ainda que em constante expansão, âmbito da IA. Assim, em vez de uma explicação aberta que ofereça múltiplos níveis de relações causais não lineares, o mais provável é acabarmos com uma explicação monocausal que vai nos informar que os buracos existem porque os funcionários da prefeitura não fizeram seu trabalho. É o equivalente político de se perguntar "Por que as pessoas roubam os bancos?" e obter a resposta de que "É ali que está o dinheiro": embora formalmente correta, essa resposta não diz nada relevante.

Intuitivamente, a maioria de nós, é claro, sabe que o mundo é mais complexo do que pressupõem as respostas pré-formatadas que os sensores, algoritmos e serviços de IA nos proporcionam. Por mais que os bancos de dados tenham uma capacidade infinitamente maior do que a dos cérebros humanos, eles ainda carecem de um componente crucial: a capacidade de narrar a realidade a partir de determinado ponto de vista histórico e ideológico. Os criadores desses sistemas, evidentemente, tentam ao máximo transformar essa deficiência num grande benefício disfarçado, apresentando-a como um passo rumo à objetividade que, uma vez universalizada, nos permitirá levar a política além da ideologia para o domínio dos dados empíricos e da racionalidade.

Há boas razões para resistir a essa tentação. A premissa básica da democracia não é a de que vamos acabar obtendo a resposta mais congruente com a realidade empírica, e sim que vamos elaborar mecanismos e procedimentos institucionais que permitam às pessoas com visões bastante diversas e opostas não apenas se enfrentarem abertamente, como aproveitarem essa oposição para reforçar a saúde do sistema político.

A democracia sobrevive há tanto tempo não por ser o arranjo institucional mais eficiente, mas precisamente pelo reconhecimento explícito de sua imperfeição. Ao admitir isso explicitamente, a democracia achou uma maneira de considerar todos os aspectos de uma questão e, assim, identificar e desarmar muitas ameaças potenciais à sua própria existência, no momento exato em que essas ameaças se articulam. Em outras palavras, há vantagens implícitas pouco óbvias em permitir que a mesma história seja narrada a partir de múltiplas perspectivas e pontos de vista históricos e ideológicos diversos: é assim que a democracia otimiza a sua capacidade de aprendizagem, mesmo diante das ameaças à própria sobrevivência.

A política que coloca a IA no centro de suas operações nos promete perfeição e racionalidade. Ao fazer isso, contudo, ela aplaina a imensa complexidade das relações humanas, simplificando narrativas complexas em regras algorítmicas concisas e explicações monocausais. Enquanto a nossa experiência fenomenológica do mundo não se conformar aos modelos simplistas por trás da maioria dos sistemas de IA, não deveríamos nos surpreender ao ver mais e mais pessoas caindo nas narrativas conspiratórias e extremamente complexas das *fake news*: as notícias podem ser completamente falsas, mas, pelo menos, admitem uma complexidade narrativa irreconhecível por Alexa ou Siri.

A política baseada na IA e no resto do pacote – sensores, Big Data, algoritmos, e assim por diante – é essencialmente uma política de gerenciamento dos efeitos: nossos celulares notam os buracos nas ruas, o algoritmo informa a existência deles, a sala de controle da cidade inteligente registra o problema e envia alguém para solucioná-lo. A política democrática, por outro lado, tem tradicionalmente se caracterizado pela identificação de causas: o propósito da deliberação democrática não é apenas discutir o melhor curso de ação diante de um problema, mas também chegar a uma concepção desse problema capaz de reconciliá-lo com certos ideais, como o da justiça. É com esses ideais em mente que elaboramos as narrativas que situam todos os problemas num mapa mais amplo da existência histórica.

Uma política preocupada em saber as causas antes de corrigir os efeitos pode eventualmente ser uma política de exageros emotivos, levando ao nacionalismo ou a coisas piores. Mesmo assim, ela nos serviu bem até agora, apesar das perdas que sofremos em decorrência de sua ineficiência. A tentação da política baseada na IA é evidente: é barata, limpa e supostamente pós-ideológica. O custo, no entanto, pode ser a própria democracia e, a menos que Siri ou Alexa passem a refletir sobre a política da memória e as formas de lidar com a injustiça histórica, não parece que vale a pena pagar esse preço para ter menos buracos nas ruas.

BIG TECH:
PÓS-CAPITALISMO

A ascensão da chamada "Big Tech", as grandes empresas associadas a plataformas de uso intensivo de dados, quase todas situadas na América do Norte, e também cada vez mais na China, aconteceu em uma conjuntura histórica curiosa. Não notada pela maioria dos observadores, sua rápida predominância – manifestada, por exemplo, no fato de as empresas de tecnologia norte-americanas ocuparem os cinco primeiros lugares entre as dez maiores empresas do mundo por capitalização de mercado – sobrepôs-se, pelo menos cronologicamente, ao início da recuperação (ainda em andamento e ainda precária) subsequente à crise financeira global.

Isso dificilmente é uma coincidência. Na verdade, a ascensão da Big Tech deve-se em parte ao fato de muitas dessas plataformas terem ajudado todos aqueles que lutavam contra a crise, fossem instituições ou cidadãos, a complementar orçamentos e receitas com novas fontes de renda, assim como por meio de uma redução radical de custos. Ao mesmo tempo, a expansão da Big Tech foi facilitada pelas crescentes aspirações das elites globais no sentido de o setor de tecnologia não só conseguir tirar a economia mundial da crise – o que explica por que o imenso crescimento desse setor responde pela maior parte do crescimento nas atuais bolsas de valores –, como também garantir uma transição suave para um modelo econômico muito diferente, desprovido das características parasitárias e rentistas que se notam no atual clima econômico. Em outras palavras, a ascensão da Big Tech não é vista como sintoma da crise econômica mundial, do enfraquecimento das leis antimonopolistas ou da privatização do bem-estar e outras funções do Estado. Em vez disso, ela aparece principalmente como uma solução para todos esses problemas – e, na mais ambiciosa dessas visões, como garantia de que um novo compromisso político e econômico – uma espécie de New Deal – seja firmado.

Essas aspirações bastante arraigadas a uma revolução digital transformadora de estruturas são amplamente compartilhadas por todo o espectro político. Há aqueles mais à esquerda, como Paul Mason, para quem a digitalização não só nutre um novo tipo de identidade política e cosmopolita entre os cidadãos, como ainda ajuda a fomentar novas formas, mais flexíveis e descentralizadas, de modelos econômicos, permitindo assim que, no futuro, um regime socialista inespecífico evite as armadilhas do planejamento central. Ao centro, existem aqueles – num segmento que inclui muitos grupos ecológicos – que, como Jeremy Rifkin, estão convencidos de que o surgimento da Internet das Coisas vai resultar em mercadorias e em serviços a um custo marginal zero, o que alteraria significativamente as condições das trocas comerciais e dos contratos, abrindo as portas para um futuro mais descentralizado, humanitário e amistoso para o meio ambiente. Por fim, na direita libertária pós-política estão aqueles que, como Ray Kurzweil e Peter Diamandis, os promotores da Singularity University [Universidade da Singularidade], acreditam que as tecnologias digitais vão modificar radicalmente muitos dos setores estagnados da economia, desde o da educação até o da saúde, não só criando novos modelos de negócio, como também, nesse processo, redefinindo instituições antigas e quase sempre obsoletas, como é o caso do próprio Estado de bem-estar social.

Argumento aqui que, embora a ascensão da Big Tech tenha permitido à economia global fluir sem desencadear transformações políticas sistemáticas – possibilitando que as elites globais, na vívida expressão de Wolfgang Streeck, comprem mais tempo –, é bastante provável que, no longo prazo, essa ascensão somente multiplicará as contradições do sistema atual, tornando muitos de seus elementos, relacionamentos e práticas ainda mais hierarquizados e centralizados. Além disso, argumento que, apesar de não ser irracional esperar que uma lógica econômica diferente surja de uma economia tão amplamente interconectada e baseada na coleta massiva de dados, há bons motivos para crer que a transformação tende a desembocar num sistema que, ainda que não necessariamente marcado pela lógica da acumulação de capital, também não se aproximaria do tipo de nirvana igualitário e ecológico pós-capitalista imaginado por Mason ou Rifkin, para não mencionar Kurzweil.

* * *

A rápida ascensão das plataformas digitais produziu um Estado do bem-estar privatizado, paralelo e praticamente invisível, no qual muitas de nossas atividades cotidianas são fortemente subsidiadas por grandes empresas de tecnologia (interessadas em nossos dados) ou, no caso de organizações menores e *startups*, financiadas por investidores de risco confiantes de que as perdas no curto prazo vão lhes assegurar o domínio no longo prazo. O caso da Uber, com suas famosas tarifas mais baixas, é bem ilustrativo dessa situação, pois nos permite perceber que as tarifas pagas pelos usuários nem sequer cobrem os custos de operação do serviço. Os ricos investidores da Uber, que incluem desde o governo da Arábia Saudita até o banco de investimentos Goldman Sachs, são os que absorvem as perdas (o que também explica como uma empresa avaliada em 2018 em mais de 72 bilhões de dólares ainda incorra em prejuízos da ordem de bilhões de dólares, como se diz que é o caso da Uber). Esse caso deixa visível que a conexão entre o surgimento de grandes plataformas tecnológicas e a crise financeira mundial não é óbvia nem direta: a crise prolongada não só cria uma demanda por serviços mais baratos e por mais oportunidades de ganhar a vida (por mais precárias que sejam as condições de trabalho), como, principalmente em função do lucro baixo da maioria das fontes tradicionais de rendimentos para os investidores (por exemplo, dividendos de ações e de títulos de dívida pública), também reorienta muito do capital global pertencente a fundos soberanos e investidores institucionais, à procura de aplicações mais rentáveis nas promissoras plataformas tecnológicas. A recente criação de um fundo focado em tecnologia (o "Vision Fund"), com 93 bilhões de dólares, pelo SoftBank do Japão – em parceria com a Apple, os fundos soberanos dos Emirados Árabes Unidos e da Arábia Saudita, a Foxconn e vários outros grandes investidores –, é um bom exemplo. Até agora, a maior parte da atividade do fundo concentrou-se no financiamento de várias plataformas de dados e de *sites* da "economia compartilhada".

Um fato desconfortável, pouco citado pela maioria dos defensores da economia digital, é que, apesar de uma onda de *startups* e do enorme apoio que elas recebem por parte dos investidores de risco, o mercado está dividido entre cinco grandes empresas de tecnologia: Apple, Google, Facebook, Microsoft e Amazon. E muitas *startups* têm uma única estratégia de saída e um único modelo de negócio: serem adquiridas por uma dessas grandes empresas. Com isso, elas não precisam se preocupar com a viabilidade de seus modelos de negócio, com a geração de receitas e com a lucratividade: basta conceberem o serviço de tal modo que este seja complementar às estratégias de expansão de gigantes como Google ou Facebook, que, ao comprarem a *startup* e os dados por ela gerados, acharão uma maneira de integrá-los em seus imensos impérios de dados. Esse processo nem sempre acontece sem atritos, mas as recompensas costumam ser tão atraentes que tornam a estratégia irresistível: a compra do WhatsApp, uma empresa que na época empregava apenas algumas dúzias de pessoas, por 26 bilhões de dólares, pelo Facebook ainda é a grande referência dessas aquisições, apesar dos muitos problemas regulatórios que o negócio desencadeou na Europa.

Entretanto, é preciso muito cuidado ao se concentrar tantas apostas na viabilidade desse Estado de bem-estar social paralelo e privatizado. Para início de conversa, os investidores de risco estão começando a deixar de crer na possibilidade de ganhar com a venda das *startups*, não importam quão ridículas sejam suas premissas, ao Google ou ao Facebook; em vez disso, paradoxalmente, eles gostariam que as *startups* adotassem um modelo oposto ao daquele antes desejado de "bens e serviços gratuitos em troca de dados". Assim, importantes capitalistas desse tipo, como Marc Andreessen, têm solicitado que as *startups* não só comecem a cobrar pelos serviços, como até mesmo aumentem os preços, pois ele acredita que muitas sofrem da síndrome de "esfomeadas demais para comer".

A ideia de que os serviços fornecidos por essas *startups* devem ser cobrados e contabilizados como em qualquer outro negócio – uma diferença radical em relação ao modelo *freemium* adotado pela maioria das grandes plataformas – tem uma contrapartida técnica na vasta e crescente infraestrutura de sensores e de pagamentos por trás da Internet das Coisas e da "cidade inteligente": isso permite identificar usuários, serviços e infraestruturas específicos, que são adequadamente cobrados. É bem possível que o modelo *freemium* – exaltado por muitos como o advento de um novo tipo de capitalismo, humanitário, protetor e benéfico para os pobres – tenha se revelado, na verdade, apenas uma etapa transitória e muito incipiente da transformação digital. No fim das contas, uma economia baseada em cobranças onipresentes, calculadas de acordo com o uso efetivo e com os preços de mercado vigentes, é bem mais congruente em relação a várias outras tendências (entre as quais a ascensão do rentista) do capitalismo financeiro contemporâneo. O bem-estar digital privatizado, saudado por muitos como o início do pós-capitalismo, mais parece um afastamento radical – por isso de curto prazo – dessa tendência.

E quanto ao Google, ao Facebook e às outras grandes empresas? Certamente, elas não abandonarão seus modelos de negócio atuais. Então, não seria justificável pensar que a "era da gratuidade", com seus inúmeros benefícios – resumidos por Hal Varian, o economista-chefe da Alphabet, como a maneira de dar aos pobres, por meio da tecnologia, o que os ricos e as classes médias desfrutam por outros meios –, persistiria por algum tempo?

Há bons motivos para sermos céticos quanto a isso. Em primeiro lugar, os benefícios gratuitos que alguns confundiram com uma nova forma de bem-estar estão ligados a um modelo de negócio muito específico, adotado pelas cinco grandes empresas de tecnologia. No caso da Alphabet e do Facebook, esse modelo se baseia na venda de publicidade; nos casos da Microsoft e da Amazon, na venda de programas, equipamentos ou mercadorias (no que se refere à Amazon, os benefícios decorrem tanto da oferta de serviços gratuitos como do fornecimento de serviços mais baratos: graças à sua escala, a empresa é capaz de oferecer produtos a preços significativamente menores que os dos concorrentes, tal como antes ocorrera com o Walmart).

No presente, essas atividades e modelos de negócio antigos continuam a coexistir e provavelmente ainda vão fazê-lo por algum tempo. Mas não resta dúvida quanto à profunda transformação ocorrida na última década, em função dos impressionantes avanços num dos ramos da inteligência artificial, ou seja, no aprendizado de máquina, ou aprendizado automático. Essas mudanças aconteceram principalmente porque as grandes empresas de tecnologia conseguiram a) encontrar maneiras de extrair enorme volume de dados, muitas vezes a partir de atividades periféricas às suas principais atividades de negócios; b) envolver milhões de usuários em treinamentos – inadvertidamente – de seus sistemas, fazendo com que estes se tornassem mais inteligentes e autônomos. O carro autônomo da Alphabet é um bom exemplo: graças aos avanços nas técnicas de mapeamento e à disponibilidade de informações mais detalhadas sobre localizações geográficas, os carros podem facilmente identificar onde estão, calcular trajetos etc. E, como resultado da capacidade da Alphabet para reconhecer objetos – uma habilidade que conquistou ao fazer com que muitos de seus usuários ajudassem o sistema a distinguir entre, por exemplo, gatos e cães –, um carro agora pode reagir adequadamente ao encontrar objetos específicos.

A Amazon, o Facebook, a Microsoft, para não mencionar a Alphabet – todas investiram e avançaram consideravelmente nesse campo. Os usos dessa tecnologia estão longe de ser triviais, como atesta a parceria da Alphabet com o National Health Service [Serviço Nacional de Saúde] da Grã-Bretanha: graças às suas tecnologias de inteligência artificial – impulsionadas com a aquisição da empresa DeepMind –, a Alphabet pôde, por exemplo, detectar sinais precoces de doença renal. E, quanto mais dados são introduzidos no sistema, mais precisas são as previsões. Desde educação a seguros, passando pelo uso de energia aos serviços bancários, setores inteiros e áreas da sociedade são transformados pela inteligência artificial. E, uma vez que os mais recentes avanços em IA estão associados a 1) um grande volume de dados coletados; 2) milhões de pessoas que, ao fazerem outras coisas, acabam treinando o sistema para que fique mais inteligente, é evidente que os únicos agentes capazes de conduzir essas transformações são as grandes empresas de tecnologia. O novo modelo é claro: elas contam com o recurso/serviço mais valioso no momento, a inteligência artificial, e o resto da sociedade e da economia deve achar uma maneira de aproveitar esse recurso/serviço em suas atividades, passando por essas empresas – e aceitando as condições por elas estabelecidas.

Para uma empresa como a Alphabet, atualmente líder no setor de IA, isso cria novos modelos de negócio e permite que ela se afaste de atividades que poderiam transformar-se cada vez mais em alvo de regulamentações antitruste. Desse modo, agora que a Comissão Europeia finalmente percebeu o poder da Alphabet, impondo-lhe uma multa pelo uso abusivo do seu mecanismo de busca para vender outros produtos, a própria empresa parece pronta para se afastar das buscas. Portanto, há um equívoco em enxergá-la como uma empresa atuante no mercado de buscas ou no da publicidade; na verdade, seu negócio são informações preditivas, e há muitas outras maneiras de rentabilizá-las sem a necessidade de recorrer à publicidade ou aos resultados de buscas para saber de quais informações necessitamos. Na realidade, a Alphabet acumulou tantos dados sobre nós que já conhece bem nossas necessidades de informação em determinado momento, e é sua capacidade de tornar essa informação aproveitável (por meio da IA) que a acomoda na liderança quase incontestável do setor. Não admira que a Alphabet não vasculhe mais nossos e-mails pessoais para nos mostrar anúncios personalizados: ela já conhece o suficiente sobre cada um de nós e pode dispensar as informações adicionais que apenas geram dúvidas e confusão para a vigilância.

Tudo isso significa que, à medida que o ambiente regulatório se torna mais problemático e/ou que o mercado global de publicidade diminui (e/ou que alguém desenvolva uma ferramenta inteligente para bloquear anúncios, impossível de ser neutralizada pela Alphabet), a empresa ainda pode partir para um modelo de negócio alternativo muito robusto: a venda de serviços de IA, tanto para cidadãos como para governos. Caso ocorra essa mudança de direção, na verdade a Alphabet se aproximaria das *startups* mais recentes, que, em vez de oferecerem serviços gratuitos, querem cobrar dos clientes o que usam de fato (esse, de qualquer forma, é o modelo de negócio da unidade mais lucrativa da Amazon – em termos de participação nos lucros –, ou seja, da sua divisão Amazon Web Services; eles cobram de terceiros com base no uso de serviços de IA, como o reconhecimento de objetos ou de voz).

Em certo sentido, claro que é possível manter a ilusão de que os serviços da Alphabet destinados a governos, ainda que mudem para o modelo focado em IA, permaneceriam gratuitos e, portanto, implicariam a continuação do modelo de bem-estar digital privatizado. Todavia, isso não passa de uma ilusão: mesmo que os cidadãos não paguem nada pelo diagnóstico precoce da doença renal, um recurso oferecido pela Alphabet aos serviços nacionais de saúde, sem dúvida vão pagar por alguns desses serviços como contribuintes, pois a Alphabet não os ofereceria de graça, pelo menos não universalmente. Ainda que existam méritos nesse modelo, não devemos nos iludir e achar que estamos adentrando o pós-capitalismo: essa privatização dos cuidados médicos estaria bem alinhada com as tendências gerais de privatização e da ampliação da previdência corporativa (à custa da previdência social) que têm se observado em diversas economias desenvolvidas de ambos os lados do Atlântico.

Evidentemente, há também uma transformação mais ampla aqui: com a concentração da IA – um intermediário que provavelmente vai se instalar em todas as esferas da vida e do governo – nas mãos de apenas algumas empresas privadas, e principalmente americanas, também é provável que testemunhemos imensa perda de mecanismos de prestação de contas e de controle por parte dos cidadãos sobre parcelas cruciais da sociedade. As grandes empresas de tecnologia encontram-se numa posição invejável: passaram quase duas décadas aperfeiçoando as formas mais escandalosas de coleta de dados a baixo custo e chegaram a um ponto em que poucos, incluindo instituições governamentais, dispõem de uma possibilidade razoável de competir com elas. Ao mesmo tempo, conseguiram obter muitos subsídios governamentais, além do financiamento militar anterior originário do Pentágono e de instituições similares, que visava aumentar ainda mais sua capacidade; agora essas empresas vão vender produtos, desenvolvidos como resultado de todos esses subsídios, aos governos e aos contribuintes – a preços bem altos! Dificilmente essa é uma transição para algum tipo de pós-capitalismo.

De qualquer modo, aparentemente a narrativa em que as grandes empresas de tecnologia despontam como a nossa última salvação é profundamente falha, pois toma os modelos de negócio de curto prazo e temporários adotados por essas empresas – por exemplo, serviços altamente subsidiados voltados para a coleta de dados – e os trata como características semipermanentes da economia digital. Esta última, claro, é bastante dinâmica e não há motivos para crer que, de qualquer maneira, a dinâmica competitiva desse setor não vai levar os principais agentes a abandonar modelos de negócio bem-sucedidos, não importa o quanto a sociedade seja dependente deles e de suas funções que mimetizam os serviços oferecidos pelo Estado de bem-estar.

* * *

O pressuposto implícito em muitos relatos contemporâneos a respeito da transformação digital é que, como se trata de tecnologia e esta em geral significa progresso, qualquer desvio do atual modelo capitalista deve mudar para um sistema melhor, mais progressista e mais equitativo. Esse pressuposto é ainda mais reforçado por outra suposição: a de que as tecnologias digitais, de modo geral, beneficiam os mais pobres; assim elas contribuiriam para desestabilizar – em vez de consolidar – hierarquias, impondo novas formas institucionais – por exemplo, as redes – ali onde predominava o poder centralizado.

Tal suposição, contudo, parece injustificada e não pressupõe que haja nenhuma contradição inerente entre, de um lado, a disseminação de tecnologias digitais e interconectadas em redes e, de outro, o fortalecimento de tipos novos e antigos de hierarquias (incluindo as sociais). Claro, sempre é possível achar que, de alguma forma, uma plataforma como o Airbnb vai solapar o poder dos grandes investidores imobiliários e beneficiar os pequenos proprietários, que não têm o mesmo acesso ao capital. Embora esse talvez fosse o caso no início, o setor imobiliário revelou muita habilidade para explorar plataformas como o Airbnb reforçando, e até mesmo ampliando, seu controle do mercado imobiliário. O próprio Airbnb, como empresa, abraçou essa possibilidade, firmando acordos individuais com importantes investidores imobiliários.

Exemplos semelhantes podem ser encontrados em toda a parte: até o caso paradigmático da "economia de reputação", na qual o nosso lugar na hierarquia da sociedade em rede depende do nosso capital social, da solidez das nossas redes de confiança, da honestidade e de outras qualidades, assume que categorias como "classe" se tornaram obsoletas e, portanto, não são relevantes para as posições cumulativas. Então nem a história familiar nem a riqueza distorcem essa posição. Se continuarmos convencidos de que, quando tudo é igual, a classe de um indivíduo de fato influencia bastante a posição que ocupa na sociedade, não há como escapar da conclusão de que a "economia de reputação" é apenas uma maneira inteligente de perpetuar (e possivelmente ampliar) as hierarquias e desigualdades sociais existentes, embora as justificando como reflexos apenas naturais – e, portanto, plenamente justificados – da nossa posição geral na sociedade com base em características como habilidade, honestidade, e assim por diante.

Impulsionado por um dispositivo de coleta de dados em tempo real extremamente refinado, que atualmente começa na pré-escola, o capitalismo digital contemporâneo conta com o meio perfeito para fazer suas apostas no "capital humano" – ou seja, nas pessoas – e para separar os ativos mais promissores (que merecem ser cultivados e cuidados) daqueles de baixo desempenho (que não merecem muita coisa e são, de maneira geral, um estorvo para o sistema). Segundo a perspectiva do capitalismo digital, a economia do conhecimento pode ser algo maravilhoso, porém hoje temos muitas pessoas improdutivas para que essa economia decole e conduza a uma prosperidade sustentada; a crise geral do capitalismo – classificada como "estagnação secular" ou como uma disfunção estrutural mais grave e talvez letal – tampouco contribui para inspirar confiança. O espírito do igualitarismo, ao apoiar o compromisso socialdemocrata do Estado de bem-estar – com sua premissa de solidariedade, anonimato e equidade –, é um empecilho ao tipo de ordenamento social (e às suas respectivas e inevitáveis hierarquias) que deve existir para que a economia do conhecimento se liberte dos grilhões humanos que teve de carregar desde o princípio.

Evidentemente, já deixamos bem para trás o século XX, com todos os seus horrores, e não há como retomar os velhos e brutais meios para despir a sociedade do espírito igualitário e reafirmar as hierarquias, seja qual for o sistema de valores que lhes sirva de alicerce (é improvável que desta vez seja a raça). Embora os contornos do novo ajuste social ainda não sejam totalmente discerníveis, é possível especular sobre o que podem implicar e em que medida podem ser comparados à transformação estrutural das economias desenvolvidas ocorrida na década de 1930, tanto nos regimes democráticos (com a legislação do New Deal e do Estado de bem-estar social nos Estados Unidos e no Reino Unido) como nos regimes ditatoriais (com as reformas corporativistas na Itália e na Alemanha).

A primeira coisa a se notar é que, ao contrário da década de 1930, quando as medidas keynesianas para estimular o pleno emprego receberam apoio amplo em ambos os campos, hoje não há como esperar realisticamente uma retomada do pleno emprego. Ainda falta confiança às empresas para expandir a produção, e, por outro lado, o surgimento da inteligência artificial torna claramente desnecessário empregar tanta gente quanto antes. A parte mais avançada da indústria – a Big Tech – parece ter entendido isso muito bem, o que explica por que tantos investidores proeminentes em tecnologia passaram a defender programas de Renda Básica Universal [UBI, em inglês]. O apoio do Vale do Silício à renda básica é plenamente racional, sobretudo ao se considerar que se trata de uma indústria que sempre se empenhou na redução de sua carga tributária e, portanto, provavelmente vai contribuir bem pouco para o financiamento desses ambiciosos programas sociais.

Ao mesmo tempo, o incentivo do Vale do Silício à renda básica também confirma um dos pontos antes ressaltados neste ensaio: o de que o setor de tecnologia como um todo transita de uma economia de bens e serviços gratuitos e altamente subsidiados para outra na qual todo bem e serviço tem seu preço, provavelmente ajustado de acordo com a capacidade de pagamento do usuário. Ou seja, uma economia em que uma infraestrutura repleta de sensores pode nos cobrar preços flexíveis – dependendo do quanto consumimos de determinado recurso e, talvez, até mesmo do quanto o apreciamos – supõe que os consumidores tenham de fato dinheiro para pagar por todos esses bens e serviços, e que esse dinheiro não é resultante apenas de mais endividamento. Em outras palavras, de acordo com a perspectiva dos investidores de risco do Vale do Silício, o programa da Renda Básica Universal, uma vez implantado em uma economia dominada por rentistas que controlam grande parte da infraestrutura viabilizadora da existência cotidiana, é um fantástico subsídio secreto para aquela região.

Evidentemente, não é bem assim que tais medidas serão apresentadas à população. Os cidadãos vão receber a garantia de que a Renda Básica Universal é, talvez, um esquema eficaz que pode compensá-los pelos horrores da automação e por todos os dados que nos foram extraídos. Em outras palavras, na perspectiva da Big Tech, desde que essa retórica ajude a sufocar qualquer esforço de organização política em torno da propriedade dos dados – e, mais importante, legitime a extração contínua desses dados –, o programa da Renda Básica Universal é uma aposta fantástica, sobretudo se as empresas de tecnologia não tiverem que desembolsar muito para que venha a ser posto em prática.

Essa, de qualquer forma, é uma artimanha retórica. A verdadeira jogada política pode ser um pouco diferente. Antes de tudo, é óbvio que o financiamento da maioria dos esquemas de Renda Básica Universal vai requerer grande esforço de redistribuição de riqueza e renda. Caso contrário, o mais provável é que se criem esquemas de Renda Básica restritos a grupos seletos de cidadãos – ou seja, sem o caráter de universalidade. Talvez, aqueles que estiverem no topo da nova hierarquia social – os que produzem dados de alta qualidade ou que contribuem com ideias inovadoras para a economia do conhecimento – serão admitidos no novo acordo social, no novo New Deal. Talvez isso soe bem menos emancipador do que se costuma imaginar, até porque, juntamente com o lançamento do programa restrito de renda básica, veremos a intensificação do rentismo no restante da economia, de modo que grande parte do dinheiro distribuído aos cidadãos vai acabar retornando ao setor corporativo, como pagamento de bens e serviços básicos.

E aqueles que formam a base da pirâmide social e que provavelmente não farão parte do novo pacto? Neste caso, a mudança não está clara. Desde a década de 1970, os Estados Unidos acharam uma solução simples para lidar com essa questão: enviaram uma quantidade cada vez maior de pessoas às prisões, quase sempre pertencentes a baixos estratos sociais, sobretudo afro-americanos e latinos. O preço dessa estratégia foi exorbitante, mas, ao menos, o país se beneficiou de muito trabalho barato e praticamente gratuito realizado nas prisões. Não é óbvio que essa lógica econômica – independentemente de qual seja a lógica política – continuaria a ter validade na era da inteligência artificial. A solução mais fácil poderia ser a de fazer dos pobres e indesejados os motivos da preocupação das classes tecnofilantrópicas globais, que encontrariam para o problema soluções novas, inovadoras e, em última análise, privatizadoras. Uma dessas soluções, sugerida por um conhecido empreendedor do setor de tecnologia e fã de Trump, seria simplesmente distribuir visores de realidade virtual aos miseráveis, por meio dos quais, a um custo relativamente baixo, eles poderiam experimentar o tempo todo gozo e felicidade virtuais.

Como esse novo sistema vai se expandir e enriquecer ainda mais os ricos, que, naturalmente, não precisam de nenhuma renda básica, muito menos de qualquer realidade virtual? Bem, ele tem uma lógica perversa própria. Antes, o mais comum era que, quando as pessoas eram privadas de necessidades básicas – comida, moradia, segurança –, havia efeitos negativos na atividade econômica. Em grande medida, o Estado de bem-estar foi criado com base nessa lógica: estabilizar o capitalismo por meio da socialização do risco parecia o caminho certo. Hoje, contudo, a lógica que vigora é outra, justamente porque o ambiente tecnológico mudou tanto que, armados com as poderosas tecnologias digitais e tendo internalizado os princípios fundamentais da ideologia de autoajuda pragmática do Vale do Silício, os cidadãos têm se mostrado bastante criativos para procurar soluções para suas dificuldades. E, quanto pior a condição deles, mais criativas as soluções; para que esse sistema se expanda e continue crescendo, basta que as empresas capturem esse excedente inovador e o transformem em uma prática lucrativa.

Se fosse possível resumir numa frase concisa a sabedoria

desta nova era digital, provavelmente seria "Não espere ajuda do governo, faça o seu próprio aplicativo!". Pouco importa que alguém, em algum lugar – provavelmente a empresa de tecnologia por trás da plataforma em que o aplicativo é construído –, vai se beneficiar desse aplicativo de uma maneira que jamais seu criador original conseguiria.

Esse é o principal motivo por que a ascensão da Big Tech tem de ser pensada ao lado da continuidade da crise financeira mundial. Em última análise, o esforço para manter a austeridade em muitas economias desenvolvidas – e os consequentes cortes nos serviços públicos e nos salários – é uma das razões pelas quais empresas como a Uber e o Airbnb cresceram tanto. Se uma cidadezinha falida no interior do estado da Flórida ou de Nova Jersey não tem como financiar um sistema de transporte público decente, faz sentido que forneça subsídios à Uber para que esta assegure um meio de transporte mais barato a seus cidadãos. Que outras opções existem?

De acordo com David Harvey, a fase neoliberal do capitalismo global é caracterizada por uma lógica que chamou de "acumulação por espoliação", isto é, uma vez desacelerado o crescimento, os ricos ficam mais ricos pela redistribuição dos recursos existentes, que se tornam inacessíveis aos pobres. A ascensão da tecnologia da informação adicionou mais um fator a essa lógica: ao despojar as pessoas de seus recursos e, ao mesmo tempo, oferecer-lhes meios muito sofisticados, e amplamente acessíveis, de cuidarem de si, o capital também libera o potencial criativo delas, mobilizando-as para lutar pelos próprios objetivos por intermédio de contribuições a aplicativos, plataformas e outras modalidades da economia do conhecimento. Desse modo, perversamente, o capital se expande ao mesmo tempo que continua a redistribuir recursos em prejuízo dos mais pobres.

* * *

Como deveríamos, portanto, avaliar previamente esse novo acordo social e político? Em seus elementos básicos, ele de fato aparenta ser bastante "pós-capitalista": grande parte do trabalho é automatizada; o salário como instituição social é substituído pela Renda Básica; os pobres e os mais fracos, em vez de passar pelas instituições do Estado de bem-estar social, parecem habitar um universo *high-tech* de realidade virtual que nem sequer os trata como seres humanos; aqueles dotados de potencial criativo, mesmo que recebam Renda Básica, são continuamente desafiados pelo sistema, obrigados a apresentar soluções inovadoras para todas as dificuldades – o que torna ainda mais ricos os proprietários dos meios de salvação. Além disso, ressurgem as hierarquias, mesmo que, aos nos referirmos a elas, usemos expressões como "redes" e "sistemas de reputação".

Além disso, o fato de esse novo sistema emergente ser pós--capitalista não significa que não seja também neofeudal, com as grandes empresas de tecnologia desempenhando o papel de novos senhores que controlam quase todos os aspectos de nossa existência e definem os termos do debate político e social mais abrangente. Do ponto de vista de um cidadão comum, e não de alguém pertencente ao grupo do 1% mais rico, esse novo sistema é extremamente problemático, tanto pela desigualdade como por sua aleatoriedade e arbitrariedade: a partir do momento em que reconhecemos uma "população excedente" e a falta de disposição das classes dominantes para fazer concessões – exceto talvez atualizações mais agradáveis nos seus visores de realidade virtual –, torna-se difícil para essa parcela imaginar que suas posições não melhorariam com o crescimento da automação e da inteligência artificial.

No entanto, mesmo para quem não se enquadra nessa categoria, não há muito o que celebrar a respeito dos beneficiários da Renda Básica (desde que seja distribuída e administrada em termos favoráveis à Big Tech) como se fosse algo, de alguma forma, satisfatório e libertador. De que adianta ter uma renda básica se ela é toda consumida no pagamento de impostos pelo uso de serviços básicos? E o que acontece se as despesas de uma pessoa forem superiores ao que recebe por intermédio do sistema de Renda Básica? Neste caso, os aparelhos dela – com todas as suas conexões a redes e sensores – seriam desligados, tal como acontece hoje com alguns americanos que têm os carros remotamente bloqueados quando atrasam as prestações do financiamento do veículo? E o que aconteceria se alguém tivesse uma dívida com a Alphabet – digamos, por usufruir de alguns dos seus serviços avançados de inteligência artificial –, sabendo que a empresa também administra o sistema nacional de saúde? O devedor deixaria de ter acesso ao sistema de saúde até liquidar a dívida?

Há muito a ser comentado sobre a necessidade de narrativas tecnoutópicas. Com o capitalismo em crise, é óbvio que não se deve descartar nenhuma visão alternativa de como organizar a vida. O problema é que a maioria das narrativas tecnoutópicas elaboradas no Vale do Silício não abrange plenamente a natureza da crise atual, nem são honestas sobre a influência das próprias agendas em sua retórica social e política. Sem dúvida, vale a pena lutar por um mundo pós-capitalista, mas não se ele reintroduzir as piores formas de feudalismo.

A MEDIAÇÃO DIGITAL DE TUDO: NA INTERSEÇÃO DA POLÍTICA, DA TECNOLOGIA E DAS FINANÇAS [8]

Há um motivo bem simples para muitas das reflexões contemporâneas sobre a condição digital não nos entusiasmarem: só podemos entender o mundo digital de hoje em dia se o considerarmos como a interseção das lógicas complexas que regem o mundo da política, da tecnologia e das finanças. É quase impossível entender um fenômeno como o crescimento da Uber, por exemplo, se não soubermos de onde vêm seus recursos, a saber, principalmente de fundos soberanos e de bancos de investimento como o Goldman Sachs. Da mesma forma, a capacidade que a Uber tem de contar com um grande número de motoristas supostamente autônomos e independentes só pode ser compreendida no contexto da liberalização do mercado de trabalho e da crescente precarização da mão de obra no setor de serviços em geral.

8 "Digital Intermediation of Everything: At the Intersection of Politics, Technology and Finance", artigo elaborado para o simpósio Empowering Democracy through Culture – Digital Tools for Culturally Competent Citizens. *4th Council of Europe Platform Exchange on Culture and Digitisation*, Karlsruhe, out. 2017

Os contos de fadas convencionais que contamos a nós mesmos sobre a tecnologia digital – em geral sobre um grupo de jovens de vinte e poucos anos enfiados em uma típica garagem e prostrados diante do deus schumpeteriano da destruição criativa – acabam por exaltar os heróis empreendedores ao mesmo tempo que escondem as forças históricas mais amplas em jogo. Sem deixar de considerar as várias dimensões políticas e históricas envolvidas na ascensão da Big Tech, este ensaio vai tentar elucidar as cinco características principais da atual sociedade digital, características relevantes para as lutas contra as forças antidemocráticas, extremistas e xenófobas que parecem ascender em todo o mundo.

O ensaio se divide em duas partes. A primeira, mais descritiva, resume as cinco tendências e explica a sua importância em termos políticos e culturais mais amplos; por uma questão de conveniência, dedico a cada tendência uma subseção isolada. A segunda parte, mais normativa, discute os tipos de intervenção – cultural, artística e científica – com que poderíamos abordar os numerosos problemas antes levantados.

EXTRATIVISMO DE DADOS

Nos primeiros seis meses de 2017, quatro grandes empresas de tecnologia dos Estados Unidos – Alphabet, Amazon, Microsoft e Facebook – viram suas ações nas bolsas de valores alcançarem um valor maior que o PIB da Noruega, um país rico em petróleo. Tendências semelhantes podem ser observadas na China, onde um setor local de tecnologia surgiu em torno de empresas gigantes – Tencent, Baidu, Alibaba, JD.com – e se mostrou capaz de ameaçar a supremacia dos Estados Unidos.

Pode-se descartar o fenômeno como o começo de uma nova bolha, talvez uma reprise do frenesi em torno das empresas ponto.com registrado no final da década de 1990. Existem, no entanto, motivos concretos pelos quais essa leitura talvez não seja muito precisa. Primeiro, ao contrário do fim daquela década, há modelos econômicos válidos sustentando o extraordinário crescimento dessas empresas. Segundo, a enorme valorização das empresas digitais reflete, em parte, o fato de serem donas do recurso mais importante do século XXI: dados, um resíduo digital das inúmeras redes e relações sociais, econômicas e culturais que se entrecruzam em nossas vidas.

Na realidade, não seria inapropriado descrever a lógica que impulsiona o desenvolvimento desse setor como um "extrativismo de dados" – em um paralelo direto com o extrativismo de recursos naturais que mantém as atividades de empresas de energia e dos produtores de *commodities* em todo o mundo.

A premissa-chave do extrativismo de dados é a de que os usuários são estoques de informações valiosas. As empresas de tecnologia, por sua vez, concebem formas inteligentes de nos fazer abdicar desses dados, ou, pelo menos, de compartilhá-los voluntariamente. Para as empresas, tais dados são essenciais para viabilizar modelos de negócio baseados na publicidade – com dados em mais quantidade e de melhor qualidade, elas conseguem gerar mais publicidade por usuário – ou para desenvolver formas avançadas de inteligência artificial centradas no princípio do "aprendizado profundo"; neste caso, é útil sobretudo a diversidade das entradas de dados – e a capacidade de arregimentar milhões de usuários para ensinar diferentes comportamentos à máquina.

O exame da economia digital emergente através das lentes do extrativismo de dados esclarece muitos fenômenos até hoje pouco explicados e pouco compreendidos. Por exemplo, o tão discutido problema da distração e da fadiga *on-line*, ocasionadas pelo uso do Twitter ou do Facebook, não requer o discurso moralista e paternalista de sempre de que "a internet está nos deixando burros e devemos ser responsáveis o suficiente para desconectar". Pelo contrário, essa fadiga pode ser explicada como uma consequência natural dos modelos extrativistas de dados adotados pelos provedores das plataformas: são eles que projetaram os sistemas para nos distrair ao máximo, pois é assim que maximizam a quantidade de vezes que clicamos nos *sites* – e, portanto, fornecemos nossos dados. Eles continuam escavando a nossa psique tal como as empresas de petróleo escavam o solo; e os dados seguem jorrando de nossos reservatórios emocionais.

A MEDIAÇÃO DIGITAL DE TUDO

O extrativismo de dados tem consequências políticas e econômicas. No campo político, vemos a redução de oportunidades que supostamente deveriam aumentar com o crescimento e a difusão maior das tecnologias digitais; projetos ambiciosos – seja a reforma dos sistemas de saúde, ou de educação, ou da administração pública – requerem cada vez mais alguma maneira de intermediação por parte dos provedores de serviços digitais. No campo econômico, vemos uma riqueza imensa ser acumulada por apenas um punhado de investidores que se mostraram inteligentes e rápidos o bastante para investir no setor de tecnologia. A mecânica dessa indústria, contudo, não é necessariamente favorável à recuperação do crescimento econômico global – a concentração de dados e, por extensão, dos serviços de IA nas mãos de apenas umas poucas empresas pode fazer com que se tornem os principais guardiões (e guardiões potencialmente em busca de lucros) da nova economia digital.

Para a maioria dos políticos, foi muito difícil resistir à barganha do extrativismo de dados: a possibilidade de fazer com que os anunciantes pagassem pela prestação de serviços de telecomunicações – fosse o mecanismo de busca, o serviço de e-mail ou até mesmo a indexação cruzada de artigos científicos no Google Acadêmico – contribuía para aliviar o ônus sobre o orçamento público, ao mesmo tempo que reforçava a ideia da chegada de um novo tipo de capitalismo digital, mais gentil e benéfico. E, quando o extrativismo de dados avançou, para além de serviços relativamente triviais, a outras áreas, como saúde, educação, seguros, e assim por diante – todas com uso intensivo de dados –, surgiu imediatamente a perspectiva de que, de alguma forma, muitas dessas atividades também poderiam ser subsidiadas por qualquer um que demonstrasse interesse em reivindicar o controle dos dados gerados nessas áreas.

Por aí se entende como o Google firmou um acordo com o NHS [*National Health Service*], o serviço nacional de saúde da Grã-Bretanha, que permitiu ao gigante de buscas implantar ali seu serviço de inteligência artificial com o objetivo de processar os dados médicos de milhões de pacientes – tudo para encontrar sinais antecipados de doenças renais. Uma vez que os próprios governos sofrem com os efeitos das medidas de austeridade que adotam e, portanto, contam com poucos recursos para as áreas sociais, ao passo que as empresas de tecnologia detêm os dados e a infraestrutura de computação para fornecer serviços úteis a um custo menor, não admira que seja grande a tentação de contratar tais empresas e lançar os alicerces de um novo tipo, bem diverso do atual, de Estado de bem-estar social: um

Estado de bem-estar digital em que a maioria dos serviços será fornecida pelas gigantescas empresas digitais, ávidas por dados.

Portanto, deveríamos fazer um balanço dos fatores estruturais que levam os governos e outras instituições públicas às mãos dessas grandes empresas de tecnologia. O equilíbrio de poder da política do futuro vai favorecer os agentes privados em detrimento dos públicos, de uma maneira que não se via desde a época feudal. Recorreremos às empresas de tecnologia, e não ao nosso governo, em caso de ataques cibernéticos, por exemplo. Ironicamente, claro, também é sobretudo por causa das falhas nos programas e nos sistemas digitais criados por essas mesmas empresas que tais ataques cibernéticos se tornam possíveis. O atrativo cada vez maior de iniciativas como a Convenção de Genebra Digital – alardeada por empresas como a Microsoft como o melhor caminho para prover ainda mais poder ao setor de tecnologia na hora de lidar com problemas como segurança cibernética – indica que a própria possibilidade de instituições intermediárias que reflitam os interesses públicos – ao invés dos privados – corre risco de extinção.

O NOVO CONSENSO ALGORÍTMICO

Em nenhum outro lugar essa virada de poder para a esfera privada é mais evidente do que nos novos esforços de identificação e eliminação das *fake news*. Aqui se pode ver como a principal preocupação do debate público não tem nada a ver com as causas de notícias claramente falsas e fraudulentas circularem tanto, mas se trata de saber quem paga pela produção dessas notícias e como podemos limitar seu impacto. A primeira questão só pode ser abordada com referência ao extrativismo de dados: as notícias falsas, que existem desde que existem notícias, agora circulam mais em meio digital porque se adequam muito bem aos modelos de negócio baseados em cliques que foram aperfeiçoados pelos gigantes extrativistas de dados.

Em outros termos, essas notícias falsas se difundem com tanta rapidez porque é assim que o Facebook e o Twitter ganham dinheiro: uma notícia compartilhada só por algumas pessoas pode até custar dinheiro ao Facebook. Elas somente são lucrativas para a empresa se forem amplamente compartilhadas. Em tais condições, o caminho certo para acabarmos com as notícias falsas parece óbvio: temos de libertar as nossas redes de comunicação de sua dependência em relação ao extrativismo de dados e baseá-las num conjunto diferente de princípios, que não estejam alicerçados na coleta de dados, seja para fins publicitários ou de inteligência artificial.

Porém, uma vez que a questão do "extrativismo de dados" faz parte do inconsciente político mais generalizado do mundo contemporâneo, dificilmente ela aparece nos debates políticos. Daí a maneira preferencial de lidarmos com as notícias falsas: reforçar mais efetivamente a nossa confiança nos gigantes da tecnologia e dar-lhes ainda mais poder para identificar e distinguir o que é falso e o que é genuíno e verdadeiro. Obviamente, eles só podem fazer isso por meio de algoritmos, não obstante consigam recrutar parceiros no mundo do jornalismo a fim de assegurar a legitimidade de seus esforços.

Ter tanta fé na capacidade dos algoritmos – principalmente porque já sabemos quão incompetentes eles são para distinguir, por exemplo, entre fotos artísticas e fotos pornográficas – é um caminho certo para o desastre cultural e político. O falso verniz de objetividade sempre associado a toda notícia processada pelo Facebook pode, no longo prazo, causar mais danos à esfera pública do que a abordagem atual, em grande parte caótica.

Ora, o empenho em eliminar e controlar as notícias falsas por meio de um consenso algorítmico imposto politicamente é parte de um esforço maior de recrutamento de tecnologias preditivas – aproveitando os enormes volumes de dados já acumulados – em nome do controle e da vigilância. Isso acontece independentemente de policiarmos as ruas – como no caso de muitas iniciativas do tipo "cidade inteligente" – ou o discurso público. Entretanto, não há nenhum consenso por trás do novo consenso algorítmico: os dados supostamente objetivos que os algoritmos teoricamente deveriam usar para decidir quem é assinalado como ameaça terrorista, quem pode cometer um crime nos próximos meses, quem será solto em liberdade condicional – todas essas previsões dependem de dados históricos que, também eles, refletem desequilíbrios de poder presentes e passados. Graças à Alphabet, ao Facebook e aos seus pares, agora dispomos dos meios para fazer tais previsões em escala industrial, tornando ainda mais difícil corrigir as injustiças que deram origem a esses conjuntos de dados distorcidos.

EMANCIPAÇÃO PREDATÓRIA

Qualquer empenho para entender por que a intensificação do regime de extrativismo de dados não conseguiu gerar um descontentamento generalizado tem que considerar o fascínio ideológico do Vale do Silício. Aqui também se pode detectar certa lógica em jogo – uma lógica do que chamo de "emancipação predatória". O paradoxo no cerne desse modelo é que nos tornamos cada vez mais enredados nas redes políticas e econômicas tramadas por essas empresas, mesmo quando cumprem um conjunto de promessas emancipatórias anteriores. Elas de fato nos oferecem um pouco de liberdade, mas isso só se dá ao preço de uma escravidão maior.

Por exemplo, ganhamos tempo livre – graças aos assistentes virtuais do Google, que podem analisar nossa agenda e nossos e-mails e configurar lembretes automáticos e datas de compromissos –, mas apenas ao custo de introduzirmos nos seus sistemas tanto os nossos dados como nós mesmos. Na verdade, toda a promessa do Google é feita nestes termos: só podemos aproveitá-la ao máximo se nos rendermos por completo.

Desde que conduzida nos termos estabelecidos pelo Vale do Silício, a emancipação é um processo interminável, porque todo ato de libertação cria vários novos tipos de dependência. E o motivo pelo qual vários serviços de informação são vistos como um caminho para a própria emancipação tem a ver com a reformulação do que significa ser livre no século XXI: em geral, trata-se de uma liberdade de escolha no âmbito do mercado global, e não de uma liberdade de ofender e provocar os que estão no poder.

Estamos quase adotando um modelo de "feudalismo benevolente", no qual inúmeras grandes concessões industriais, e, no nosso caso, pós-industriais, assumem as responsabilidades dos serviços de proteção e bem-estar – postulado por alguns analistas no começo do século XX como o futuro do capitalismo industrial. Levou mais um século para se chegar a essa visão, mas qualquer análise equilibrada da situação atual deveria dispensar o adjetivo "benevolente" da expressão e discutir mais extensamente a parte relativa ao "feudalismo". Só porque o poder é exercido sobre nós de maneira diferente daquela dos bons e velhos tempos, em que o modo de produção capitalista reinava supremo e incontestado, não significa que estejamos mais emancipados. Afinal de contas, muitos senhores de escravos no Sul dos Estados Unidos também argumentavam que a escravidão era um sistema bem mais humano do que o capitalismo. O caráter humano do sistema atual é, de modo geral, irrelevante aqui. A questão crucial para a nossa investigação é a de saber se a nossa dependência crescente em relação às grandes empresas de tecnologia reforça a nossa autonomia – não apenas como consumidores, mas também como cidadãos. Há poucas evidências de que esse seja o caso, mesmo que a desenvoltura de nossos esforços de comunicação – medida pela capacidade de atingir milhares a baixo custo – tenha, sem dúvida, melhorado.

O FIM DA HISTÓRIA: A VERSÃO TECNOUTÓPICA

Um fator não mencionado, mas de suma importância durante a rápida ascensão da Big Tech, foi a suposição de que os antigos conflitos causados pela luta de classes ou pelas preocupações com o acesso desigual à propriedade ou aos recursos naturais haviam ficado no passado e de que um novo mundo sem classes estava sendo gestado graças à tecnologia digital. Afinal, um mundo no qual as maiores empresas também são os principais provedores de segurança e bem-estar é um mundo que deixou de acreditar na existência de ideologias concorrentes ou na perspectiva de mudanças revolucionárias.

Talvez essa tenha sido uma suposição conveniente no início da década de 1990, quando a retórica do "fim da história" estava na moda. Hoje, porém, essas suposições parecem cada vez mais ocas. Não há como negar que os níveis de desigualdade econômica estão historicamente altos, que a globalização não beneficiou a todos igualmente, e que o mundo está repleto de pessoas furiosas que usam o seu direito de voto para culpar o sistema no poder. No entanto, embora não haja dúvida quanto ao ressurgimento da retórica populista – a ser seguida, sem dúvida, pela prática populista –, isso pouco afeta o pressuposto fundamental a respeito da benevolência do setor tecnológico – sobre o qual está baseada a ideologia contemporânea do "utopismo tecnológico".

Na verdade, seria possível ir além: é a predominância dessa ideologia tecnoutópica que permite ao projeto como um todo – aquele convencido de que vivemos numa sociedade sem classes e de que os grandes conflitos por recursos econômicos são coisa do passado – prosseguir sem contestação. Afinal, não é graças à tecnologia – todos saúdam o celular! – que a África está saindo da pobreza, juntando-se às classes médias do mundo? Não é graças à tecnologia – Big Data e algoritmos salvadores! – que aqueles antes excluídos dos serviços financeiros atualmente têm acesso a empréstimos – e com taxas de juros não extorsivas? Não é por meio da tecnologia que os pais que não podem pagar uma babá conseguem ganhar uma hora de tempo livre graças ao YouTube?

Enquanto a narrativa cultural dominante considerar a tecnologia como a arma dos fracos e dos pobres, e não como a arma apontada aos fracos e pobres, há pouca esperança de que fenômenos como o extrativismo de dados sejam realmente levados em conta. Aqui, claro, não se trata tanto da tecnologia em si, mas da tecnologia tal como é manipulada hoje pelo setor extrativista de dados. Vinculada a outra lógica, a tecnologia pode muito bem ser uma aliada dos fracos e dos pobres; a causa de a narrativa técnico-utópica sempre acabar vencendo é a sua habilidade de apresentar toda crítica à lógica comercial e social das tecnologias digitais como um ataque conservador e explícito à tecnologia – e ao progresso! Dificultar que profiram acusações desse tipo seria um grande passo para começar uma conversa adulta e responsável sobre a construção de um mundo independente do extrativismo de dados.

INTERVENÇÕES

Nesta segunda parte do ensaio, gostaria de propor e discutir intervenções específicas para reverter ou ao menos retardar algumas das tendências descritas anteriormente.

ROMPENDO O MONOPÓLIO INTELECTUAL DA BIG TECH

Antes de tudo, precisamos destruir aos poucos a hegemonia intelectual da Big Tech no que se refere às ideias de políticas futuras e do papel que a tecnologia vai desempenhar nelas. Temos de retomar o conceito de cidadania que seja capaz de superar a imagem de que somos apenas consumidores de aplicativos passivos, sujeitos receptivos ao império de uma publicidade global ansiosa para acelerar o extrativismo de dados.

Para tanto, será necessário romper o monopólio intelectual e discursivo que as empresas de tecnologia mantêm sobre nossa imaginação política. Atualmente, esse monopólio é sustentado por generosos financiamentos à mídia (por meio de várias iniciativas jornalísticas), museus (por meio de subsídios corporativos e grandes doações para a digitalização de obras) e por institutos de pesquisa (que influenciam as investigações sobre a regulação de trustes e monopólios). Mas também é sustentado por meio de formas bem mais sutis, como o estímulo à imensa boa vontade gerada por suas marcas. O sucesso público do Vale do Silício deriva, em parte, de sua capacidade de se inspirar no legado da cultura *hippie* e na contracultura da década de 1960, assim como da própria cultura da Guerra Fria a que muitos da contracultura se opunham – ambos associados a Berkeley e ao MIT.

Cientistas e artistas podem colaborar muito para desfazer os discursos hegemônicos específicos em torno da tecnologia, especialmente vários daqueles em voga sobre a IA. Dado que a inteligência artificial e os serviços semelhantes têm consequências perigosas e potencialmente letais – em especial se utilizados para fins militares –, devemos lembrar que os discursos tradicionais sobre a responsabilidade moral dos cientistas não se tornaram obsoletos. Cabe aos artistas, por outro lado, se empenharem ao máximo não só para repercutir essa temática distópica, mas também para articular uma visão do futuro que não se restrinja a um consumismo sem nenhum atrito.

IDENTIFICANDO
O PODER
NO DIGITAL

Também é essencial que os artistas, talvez em conjunto com sociólogos e historiadores, revelem em que medida a maioria das visões tecnoutópicas correntes não reflete as lutas pelo poder. Basta considerarmos muitas das promessas ao nosso redor para constatarmos que, subjacente a elas, há uma suposição latente a respeito da superação das contradições capitalistas e da irrelevância de certos conceitos, como o de classe. Porém, qualquer análise decente de automação mostra que as divisões de classe simplesmente não desaparecem porque todos têm acesso às mesmas tecnologias automatizadas; automação de baixa qualidade para os pobres, tecnologia sob medida para os ricos – este, sim, parece ser um futuro mais plausível.

Além disso, a sociedade civil precisa reaprender a investir contra a normalização crescente do imenso poder que os agentes privados, sobretudo as corporações, detêm na sociedade, com poucas consequências inócuas para a liberdade e a autonomia. O fato de o atual feudalismo aparecer em rostos sorridentes não nos isenta da responsabilidade de avaliar o seu impacto nos membros mais vulneráveis da sociedade.

PARA ALÉM DA "LIBERDADE COMO SERVIÇO"

Duas ideias relacionadas, e que valem a pena ser contestadas, também merecem a atenção crítica da sociedade civil. Uma é a ideia de que todas as características negativas do mundo digital – desde a vulnerabilidade dos computadores aos ataques cibernéticos até a sensação de cansaço e distração que muitos de nós sentimos ao usar as mídias sociais – não passam de uma consequência natural da nossa incapacidade de controlar nossos desejos. A outra é a ideia de que a liberdade é algo a ser buscado e adquirido no mercado, e não o resultado de lutas coletivas na arena política.

A primeira concepção decorre de uma narrativa falsa que pouco se preocupa com os efeitos estruturais do extrativismo de dados. Pregar o autocontrole diante do extrativismo dos dados é como pregar o empreendedorismo diante da destruição causada pelo neoliberalismo: é uma maneira de reduzir um problema coletivo e político ao nível individual, adequado ao consumo. Romper o viés excessivamente moralista do discurso digital enquanto se destaca a natureza social e política das restrições que pesam sobre os indivíduos é uma tarefa na qual tradicionalmente os artistas sobressaem; essa tarefa não pode e não deve ficar restrita apenas aos intelectuais de visão sociológica.

Há um motivo para que o segundo tipo de narrativa seja tão forte. Nele, a liberdade é vista como algo a ser alcançado e proporcionado pelo uso mais profundo e prolongado de tais serviços: ele extrai sua força do fato de estar arraigado num discurso muito anterior, o da soberania do consumidor, que está no centro do projeto neoliberal. A ideia de que os mercados nos proporcionam condições melhores para exercer a nossa liberdade e individualidade – pois todos os nossos "votos" contam, e também porque, em última instância, as empresas que nos servem serão punidas bem antes do que os partidos políticos – pode se basear em premissas falsas, mas continuam a desfrutar cada vez mais de apoio político.

O desafio é reformular e recuperar uma ideia muito diferente da liberdade e dos seus inúmeros conceitos cognatos, desde a autonomia até a privacidade. A privacidade concedida por um aplicativo engraçadinho – a um custo de apenas cinco euros por mês! – é um tipo de privacidade muito distinto daquele garantido por um sistema de direitos constitucionais.

O primeiro é um exemplo de "privacidade como serviço"; este último é a "privacidade como direito". A chave para a vitória hegemônica da Big Tech foi sua capacidade de obscurecer a distinção entre os dois tipos e focar apenas no bem subjacente – liberdade, autonomia, privacidade –, além de manter silêncio sobre os caminhos que nos permitem chegar até ele. Uma tarefa importantíssima é a de recuperar essas distinções – se necessário por meio de provocações – e ressaltar as limitações da concepção de "liberdade como serviço".

CONTESTANDO O POSITIVISMO DO CONSENSO ALGORÍTMICO

Igualmente fundamental é a capacidade de reivindicar os algoritmos como algo que pode causar e promover problemas – e não só contribuir para evitar e eliminá-los (tal como hoje ocorre na maioria dos sistemas de vigilância preventiva, por exemplo). Tradicionalmente, os artistas têm sido bons nisso e temos de achar uma maneira de fazer com que os algoritmos também possam levar a resultados aleatórios e inesperados – à desestabilização das relações de poder, e não apenas ao fortalecimento delas. A racionalização crescente do cotidiano requer esse tipo de intervenção lúdica e até subversiva. Talvez ainda não estejamos prestes a experimentar a visão sombria de Adorno sobre a "vida totalmente administrada", mas a Internet das Coisas pode nos levar até lá mais rápido do que pensamos.

Da mesma maneira, a adoção do Big Data – e a suposição implícita de que, quanto maior o conjunto de dados, mais verdade se pode extrair deles – surpreendentemente contribuiu para a retomada de muitas premissas simplistas do positivismo, em conjunção com efeitos perniciosos sobre o modo como entendemos o conhecimento. Em consequência, a atual reabilitação e a subsequente formalização do positivismo em sistemas preditivos provavelmente vão remodelar antigos vieses culturais, raciais e étnicos como verdades objetivas e empíricas, agora incorporados a algoritmos, o que resultará em uma discriminação ainda mais acentuada. Já constatamos esse positivismo enlouquecido no policiamento preditivo, nos algoritmos de reconhecimento facial, nos bancos de dados de viajantes em aeroportos etc. E veremos isso ainda mais ao encarregarmos as empresas de tecnologia de controlar o fluxo de "notícias falsas": a atribuição mecânica de certas categorias como "verdadeiro" ou "falso" provavelmente não vai aguçar a capacidade de as pessoas reconhecerem uma propaganda. No mínimo, isso pode apenas embotar a nossa capacidade de pensar criticamente sobre as informações que passaram pelo crivo da verificação algorítmica. Falso consenso, imposto por algoritmos baseados em dados falhos, é tão ruim quanto notícias falsas.

Em um nível mais amplo, precisamos urgentemente desenhar fronteiras nítidas entre os algoritmos e os dados com que são alimentados; é preciso ressaltar que os dados são o operador oculto e enganador da máquina algorítmica. Como muito do "aprendizado profundo" (o método que sustenta os avanços recentes na IA) ainda é alimentado por dados históricos – e os dados, como qualquer produto de técnicas racionais de administração, tendem a incorporar, ocultar e amplificar vieses –, tais revelações podem ajudar a enfraquecer a imensa confiança que quase todos nós depositamos nesses sistemas aparentemente objetivos. Essa é uma tarefa formidável que requer a colaboração de cientistas, artistas e jornalistas.

POR OUTRA
ALDEIA
GLOBAL

Em função da crescente onda nacionalista ao redor do mundo, também cabe avaliar o que fazer com as concepções anteriores, mais utópicas, de construção de uma aldeia global. Embora tais visões não tenham tido resultados concretos, há muita coisa boa que deveria ser preservada e recuperada nesses projetos – acima de tudo, o espírito do internacionalismo. Contudo, uma lição a ser aprendida a partir das décadas de 1970 e 1980 é que não basta alardear os benefícios da comunicação intercultural. Os fracassos anteriores na construção de um mundo multipolar, de fato internacionalista e com fluxos de informação igualitários e justos, a começar pelos esforços do Movimento dos Países Não alinhados para criar uma Nova Ordem Mundial da Informação e Comunicação, até a promessa inicial do ciberespaço como um terceiro espaço no qual a sociedade civil global emergente poderia debater questões de relevância universal, precisam ser avaliados de maneira muito mais cuidadosa, ao menos para que possamos aprender com os erros.

Não há mal em reconhecer que as conceituações anteriores da aldeia global (incluindo todas as visões utópicas inspiradas por gente como Marshall McLuhan e Buckminster Fuller) falharam em explicar tanto o poder corporativo como os interesses geopolíticos e estratégicos de governos pouco interessados em abdicar das atividades de vigilância. Nenhuma aldeia global pode vir a existir enquanto não houver infraestruturas sustentáveis para a comunicação e troca de informações, o que só é possível com recursos financeiros. A boa notícia é que a atual infraestrutura mundial de informações é muito mais granular do que no passado, permitindo sua reconstrução por meio de uma abordagem modular: uma vez adotado um plano arquitetural confiável, o esforço de montar um sistema de comunicações assim poderia ser compartilhado entre instituições, municípios e cidadãos. Se bem-sucedida, essa visão pode atender a primeira necessidade – a da infraestrutura.

Mas o que fazer quanto aos governos e aos seus requisitos de vigilância sempre crescentes, justificados pela necessidade aparentemente inesgotável de contar com poderes excepcionais contra as ameaças terroristas? Bem, nesse campo a criptografia pode, de fato, contribuir bastante: nas últimas décadas, há muito a ser admirado no trabalho realizado por *hackers* e por defensores da privacidade, que desejavam criar ferramentas para garantir a cada um de nós a possibilidade de nos comunicarmos com liberdade e segurança, sem temer que as informações mais íntimas sejam interceptadas pelos nossos próprios governos. Aqui, infelizmente, os problemas também são mais de ordem financeira do que científica: há muita pesquisa universitária confiável sobre criptografia e anonimato, mas não se pode dizer o mesmo de financiamentos independentes e incondicionais que permitissem, com efeito, construir os tão necessários sistemas para melhorar o anonimato.

Aqui é preciso ter a capacidade de distinguir entre o tecnoutopianismo realista e o ingênuo: não há muito que aprender com este último – pois já fracassou inúmeras vezes –, mas a versão realista pode, de fato, proporcionar uma concepção atraente, desde que sejamos pragmáticos para identificar os gargalos reais (muitas vezes, na política, e não na tecnologia). Recuperar o papel da tecnologia como uma força emancipatória, que não se limita ao papel neoliberal que lhe é atribuído pelo Vale do Silício: talvez essa seja a maior contribuição que a sociedade civil pode dar ao atual debate digital.

QUEM ESTÁ POR TRÁS DAS *FAKE NEWS?* [9]

A democracia está se afundando nas *fake news*. Essa é a mais recente conclusão reconfortante dos perdedores de 2016, com a ocorrência do Brexit, passando pelas eleições americanas e chegando ao referendo italiano.

Aparentemente, adultos sérios, honestos e donos de um racionalismo demodê acreditam estar perdendo as eleições por causa de uma epidemia perigosa de *fake news*, memes da internet e vídeos engraçados do YouTube. Para essas pessoas, o problema não está em o Titanic do capitalismo democrático navegar em águas perigosas; em todo caso, seu potencial naufrágio nunca poderia ser discutido pela elite estudada. O problema está, para ela, na proliferação de alarmes falsos sobre *icebergs* gigantes no horizonte.

Consequentemente, houve uma profusão de soluções equivocadas: banir memes de internet (proposta do partido governante da Espanha); estabelecer comissões de especialistas para averiguar a veracidade das notícias (solução lançada pelo chefe antitruste da Itália); abrir centros de combate às *fake news* e multar quem quer que as espalhe por redes sociais como o Twitter e o Facebook (abordagem sugerida pelas autoridades alemãs).

Esta última proposta é um ótimo jeito de incentivar o Facebook a promover a liber-

9 Publicado originalmente como "Moral Panic over Fake News Hides the Real Enemy - The Digital Giants". *The Observer*, 8 jan. 2017.

dade de expressão – o mesmo Facebook que recentemente censurou uma foto da estátua nua de Netuno, do centro de Bolonha, por considerá-la obscena demais... Uma dica aos governos autoritários: caso queiram se safar da censura virtual, apenas tagueiem como *fake news* os artigos de que não gostarem e ninguém no Ocidente jamais reclamará.

Será a crise das *fake news* a causa do colapso da democracia? Ou seria ela só a consequência de um mal-estar mais profundo, estrutural, que está em desenvolvimento há muito tempo? Como é impossível negar a existência de uma crise, a pergunta que toda democracia madura deveria estar se fazendo é se sua causa são mesmo as *fake news* ou é provocada por algo completamente diferente.

Nossas elites não querem saber. Sua narrativa sobre as *fake news* é, ela mesma, *fake*: uma explicação superficial para um problema complexo e sistemático, cuja existência elas ainda se recusam a reconhecer. A facilidade com a qual as instituições convencionais, desde os partidos governantes até os *thinktanks* e a mídia, elegeram as *fake news* como a lente através da qual é preferível enxergar a crise que se desenrola diz muito sobre a impermeabilidade de sua visão de mundo.

A grande ameaça que circunda as sociedades ocidentais hoje não é a emergência da democracia não liberal fora delas, e sim a persistência de democracias imaturas em seu interior. Essa imaturidade, exibida quase cotidianamente pelas elites, se manifesta em dois tipos de negação: a negação das origens econômicas da maior parte dos problemas de hoje; e a negação da corrupção inerente à *expertise* profissional.

O primeiro tipo se manifesta sempre que fenômenos como o Brexit ou o sucesso eleitoral de Donald Trump são atribuídos principalmente a fatores culturais, como o racismo ou a ignorância dos votantes. O segundo tipo nega que a imensa frustração que muitas pessoas sentem com relação às instituições existentes parte não do fato de ignorarem como essas instituições operam, e sim porque sabem até demais sobre isso.

Cegos por essas duas negações, aqueles que desenvolvem as políticas prescrevem mais daquilo que originalmente aliena os votantes: mais *expertise*, mais centralização, mais regulamentação. Entretanto, como não conseguem pensar nos termos da economia política, inevitavelmente acabam por regular as coisas erradas.

O pânico moral em torno das *fake news* ilustra como essas duas negações condenam a democracia à imaturidade perpétua. A recusa do reconhecimento de que a crise das *fake news* tem origens econômicas faz do Kremlin – mais do que o modelo de negócios insustentável do capitalismo digital – o bode expiatório do momento.

Não é óbvio, porém, que nenhum tipo de interferência estrangeira – pela Rússia ou por qualquer outro país – poderia produzir notícias virais em grande escala? Sempre existiram movimentos malucos (lembram-se de Lyndon LaRouche?) que respiraram e se alimentaram de *fake news*. O que faltava a eles não era um auxílio político e financeiro da Rússia, mas sim a infraestrutura digital poderosa dos dias de hoje, suntuosamente subsidiada pelos anúncios virtuais, para que suas teorias malucas viralizassem.

O problema não são as *fake news*, e sim a velocidade e a facilidade de sua disseminação, e isso acontece principalmente porque o capitalismo digital de hoje faz com que seja altamente rentável – veja o Google e o Facebook – produzir e compartilhar narrativas falsas que atraem cliques.

No entanto, reformular a crise das *fake news* dessa maneira requereria que o *establishment* transcendesse uma de suas negações e se aventurasse na economia política das comunicações. E quem quer reconhecer que, pelos últimos trinta anos, foram partidos políticos de centro-esquerda e de centro--direita que favoreceram a posição privilegiada do Vale do Silício, privatizaram as telecomunicações e adotaram uma postura relaxada com relação às políticas antitruste?

O segundo tipo de negação fecha os olhos à corrupção do conhecimento especializado. Quando *thinktanks* aceitam de bom grado o financiamento de governos estrangeiros; quando empresas de energia financiam pesquisas questionáveis sobre as alterações climáticas; quando até a rainha – que populista, ela! – questiona a profissão dos economistas como um todo; quando a mídia usualmente acata ordens vindas de agências de relações públicas e assessores políticos; quando reguladores financeiros e comissários europeus largam seus empregos para trabalhar em Wall Street – poderíamos mesmo culpar os cidadãos por estarem céticos com relação aos "especialistas"?

Isso só piora quando acusações de *fake news* vêm de mídias que, em virtude de decisões econômicas sombrias, publicam sistematicamente notícias questionáveis. Leve em consideração, por exemplo, o *Washington Post*, um jornal que alega ser rentável nos dias de hoje. O que ganhou financeiramente parece ter perdido em credibilidade.

Tendo acusado de forma irresponsável muitos portais sérios de fazerem propaganda russa – baseando-se, em parte, em uma reportagem realizada pela organização anônima PropOrNot –, o jornal recentemente publicou um alerta sobre ataques cibernéticos russos a uma rede elétrica em Vermont (uma reportagem que foi compartilhada por outros portais, como o *Observer*). A verdade é que esses ataques não aconteceram e o *Washington Post* nem se preocupou em verificá-los com as empresas responsáveis pela rede elétrica. Aparentemente, uma economia controlada por anúncios virtuais produziu sua própria teoria da verdade: verdade é qualquer coisa que atraia muitos olhares.

Ouvir jornalistas profissionais reclamarem sobre esse problema sem reconhecer a própria culpa prejudica ainda mais a fé dos cidadãos nos especialistas. A democracia pode ou não estar se afundando em *fake news*, mas com certeza se afunda na hipocrisia das elites.

Sem abandonar suas duas negações, as elites nunca vão parar de encontrar soluções inovadoras para o problema das *fake news* – assim como nunca deixaram de encontrar soluções inovadoras para as alterações climáticas. Os dois problemas compartilham certa similaridade: assim como as alterações climáticas são o subproduto natural do capitalismo fóssil, as *fake news* são o subproduto do capitalismo digital.

Não tardará até que algum empreendedor político genial, farto da natureza autoritária das propostas atuais, descarregue as ideias geniais do livre mercado sobre esse problema. Por que não, digamos, estabelecer um esquema de emissão e troca de pós-verdades, em que novas organizações poderiam negociar licenças para *fake news*, regulamentadas pelo governo? Ridículo, sim; pouco efetivo, sim – mas o esquema com certeza receberia os maiores prêmios de inovação social.

Para o problema das *fake news*, a única solução que não se equivoca em seu diagnóstico, nem subjuga as elites, é repensar completamente os fundamentos do capitalismo digital. Precisamos fazer com que os anúncios virtuais – e a ânsia destrutiva de clicar e compartilhar que os acompanha – tenham menos influência no modo como vivemos, trabalhamos e nos comunicamos. Ao mesmo tempo, precisamos delegar mais poder de decisão aos cidadãos – e menos a especialistas facilmente corrompidos e corporações venais.

Isso significa construir um mundo em que o Facebook e o Google não exerçam tanta influência, nem monopolizem a solução de problemas. Uma tarefa formidável e digna de democracias maduras. Lamentavelmente, as democracias existentes, imobilizadas em suas múltiplas negações, preferem culpar todos, em vez de si mesmas, enquanto descarregam mais e mais problemas no Vale do Silício.

FONTES
DOS TEXTOS

Este livro é uma edição inédita, que reúne textos publicados por Evgeny Morozov desde 2013. O autor escreveu um prefácio especialmente para o público brasileiro, em novembro de 2018.

A seleção se baseou no original de textos inéditos e já publicados. Abaixo as principais fontes dos textos.

"Why We Are Allowed to Hate Silicon Valley". *Frankfurter Allgemeine Zeitung*, 11 nov. 2013.

"The Rise of Data and the Death of Politics". *The Observer*, 19 jul. 2014.

"The Price of Hypocrisy". *Frankfurter Allgemeine Zeitung*, 24 jul. 2014.

"Like Clueless Guinea Pigs". *Frankfurter Allgemeine Zeitung*, 30 jul. 2014.

Silicon Valley: i signori del silicio. Torino: Codice, 2017.

"Moral Panic over Fake News Hides the Real Enemy – The Digital Giants". *The Observer*, 8 jan. 2017.

"Digital Intermediation of Everything: At the Intersection of Politics, Technology and Finance", artigo elaborado para o simpósio Empowering Democracy through Culture – Digital Tools for Culturally Competent Citizens. *4th Council of Europe Platform Exchange on Culture and Digitisation*, Karlsruhe, out. 2017

"From the Politics of Causes to the Politics of Effects: The Adverse Effects of AI on Democratic Culture", conferência proferida no National Geographic Festival delle Scienze, Roma, abr. 2018.

Capitalismo Big Tech ¿Welfare o neofeudalismo digital?. Madrid: Enclave de Libros, 2018.

SOBRE
O AUTOR

Evgeny Morozov nasceu em Soligorsk, Bielorrússia, em 1984. Estudou de 2001 a 2004 na American University in Bulgaria, obtendo um BA em economia e administração de empresas.

Viveu alguns anos em Berlim como *Fellow* da American Academy. Mudou-se para os Estados Unidos, onde foi professor visitante da Universidade de Stanford, *fellow* da New American Foundation e da Georgetown University e colaborador e editor da revista *Foreign Policy*, da qual foi autor do blog *Net Effect*. Em 2018 obteve o phD em História da Ciência na Universidade Harvard.

Publicou *A cidade inteligente* (Ubu Editora, 2019, em coautoria com Francesca Bria), *To Save Everything, Click Here: The Folly of Technological Solutionism* [Para salvar tudo, clique aqui: a loucura do solucionismo tecnológico] (PublicAffairs, 2013) e *The Net Delusion: The Dark Side of Internet Freedom and To Save Everything* [A desilusão da rede: o lado negro da liberdade da internet e para salvar tudo] (PublicAffairs, 2011), livros de referência para a reflexão sobre internet e seus efeitos. Além da publicação acadêmica, Morozov é um atuante colaborador da grande mídia, com textos publicados em veículos como *The New York Times, The Economist, The Wall Street Journal, Financial Times, London Review of Books, The Guardian* e *Times Literary Supplement*. Mantém uma coluna mensal no *Observer* (*The Guardian*), republicada em jornais internacionais como *El País, Internazionale* e *Süddeutsche Zeitung*. Em 2018 foi nomeado um dos 28 europeus mais influentes pela revista *Politico*, uma organização global apartidária de notícias políticas.

COLEÇÃO EXIT Como pensar as questões do século XXI? A coleção Exit é um espaço editorial que busca identificar e analisar criticamente vários temas do mundo contemporâneo. Novas ferramentas das ciências humanas, da arte e da tecnologia são convocadas para reflexões de ponta sobre fenômenos ainda pouco nomeados, com o objetivo de pensar saídas para a complexidade da vida hoje.

LEIA TAMBÉM

*24/7 – capitalismo tardio
e os fins do sono*
Jonathan Crary

*Reinvenção da intimidade –
políticas do sofrimento cotidiano*
Christian Dunker

Os pecados secretos da economia
Deirdre McCloskey

Esperando Foucault, ainda
Marshall Sahlins

Desobedecer
Frédéric Gros

Depois do futuro
Franco Berardi

*Diante de Gaia –
Oito conferências sobre a
natureza no Antropoceno*
Bruno Latour

Tecnodiversidade
Yuk Hui

*Genética neoliberal –
Uma crítica antropológica
da psicologia evolucionista*
Susan McKinnon

*Políticas da imagem – vigilância
e resistência na dadosfera*
Giselle Beiguelman

*Happycracia – fabricando
cidadãos felizes*
Edgar Cabanas e Eva Illouz

*O mundo do avesso – Verdade e
política na era digital*
Letícia Cesarino

*Terra arrasada – além da era
digital, rumo a um mundo pós-
capitalista*
Jonathan Crary